『ひとり出版社』は人生の楽園

山中伊知郎

もくじ

序章　「ひとり出版社」の楽しさ　7
大事なのは「いきがい」
本を作る楽しさ
「本づくり」のハードルは低い
今、その「楽園っぷり」を語ろう
第一章　「チャンス青木」から始まった！　21
ライターとして生きてきた私
チャンス青木との出会い
自分で出すしかない！
名前はチャンスなのに、ピンチの連続
ギャンブルにハマる
【ひとり出版社の作り方①　企画を立てる】　37
第二章　「腸」のオーソリティ田中保郎先生との出会い　41

「お笑い企画」の封印
長崎弁のヘンなオジサン
数多くの患者を治していた!
突然来たチャンス
テレビに出た途端、売れ行き急上昇!
ずっとお世話になってます!
【ひとり出版社の作り方②　著者との出会い、取材の仕方】 57
第三章　マムシさんと河崎監督 65
マムシ本、ふたたび
マムシさんのパワーは変わっていなかった!
世の中を「元気」にしたい
条件はふたつだけ
『マムちゃん寄席』で完売!
「バカ映画の巨匠」河崎実さん
15年たっても変わらない
ヴェネチアでもフカしまくる
出版パーティーの準備に夢中になって

第二弾も発売したが・・・
【ひとり出版社の作り方③　印刷・製本、デザイン、流通などの流れ】　87

第四章　起業家の方々　93

ファインドスターの内藤社長
200人の起業家を育てる！
原宿を拠点にする、オシャレじゃない人・青木さん
人生をナメるのだ！
中国・義烏に行く
広州、バンコクに行く
『オタク稼業秘伝ノ書』
出版パーティーで200人集める
【ひとり出版社の作り方④　広告宣伝・販売】　114

第五章　演歌とGS　119

お世話になった川岸さん
天草二郎さんとともに天草へ
礼儀正しい「うーばんぎゃが」

目が見えない演歌歌手
「きれいごと」ではなく素直な本音で
歌の宅配便
表紙カバーの撮影は私
オリーブのマミーを知る
出版を記念して、親友の店でライブ
二冊目のGS本
1970年の池袋ACBが再現！
【ひとり出版社の作り方⑤　返本、資金繰りなど】　146

第六章　取材旅行の日々　149
還暦過ぎた「青春18きっぷ」は楽しいが、ツラい
那覇空港LCCターミナルに降り立つ
「のんびり」の島を駆け回る
沖縄の人に著者になってもらうべきだった
PR動画で注目された宮崎・小林市
小林駅前でボーッとしていた1時間
前米沢市長・安部三十郎さん

大隈講堂裏で出版パーティー
野毛大道芝居
大道芝居の聖地は「一千代」
【ひとり出版社の作り方⑥ 電子書籍】 176

第七章 女性の著者たち 179
栃木・黒磯のとっこねぇ
特別じゃない、オバサンの半生の本
福島の元気オバチャン
圧巻そのものの歌とトーク
Re婚相談所／Re婚シェルジュ
尼僧・髙橋美清
いい「○」を描いて運気を上げる
【ひとり出版社の作り方⑦ 岡田林太郎さんに訊く】 198

おわりに 202

装幀 飯塚書店装幀室

序章　「ひとり出版社」の楽しさ

私は「ひとり出版社」のオヤジです。

エ？　出版社って、ひとりでやれるの？　とお思いの方もいるかもしれません。やれます。印刷や製本はもちろん、カバーのデザインや本文のレイアウトなど、自分が出来なくても、外部に委託してしまえばいいのです。本を作った後、書店やネット通販などに流通させるのも、それを代行してやってくれる会社があります。

もちろんどんな本を作るかの企画を決め、原稿や使用する写真などを揃えていくのは自分でやらなくてはいけません。さすがにそこまでは代行してくれない。そもそもその作業が好きだから、出版社を始めるのです。

◆大事なのは「いきがい」

まず、どんな本を出したら売れそうか？　売れないとしても、仕事として楽しそうか？急には売れないとしても、ジワジワ長く売れそうか？　とりあえず制作費は赤字にならないですみそうか？　取材や制作の過程で面白い人に出会えそうか？　今まで経験できなかったような新鮮な体験を味わったりできるのか？　などなど、いろいろな要素を加味しつつ、アタマの中で「ひとり企画会議」を行います。

で、出す本の企画を決める。

基準は、人によって違うでしょう。「この本を出せば社会的に有意義である」といった企画にこだわる人もいれば、あくまで、自分の趣味にこだわる人もいる。「とりあえず生活費が稼げることをやる」人もいる。

でも、結局、なにより大事なのは「生きがい」です。この仕事をやることで、「生きてよかった」と実感できる、それがあって、はじめてやる意味があります。

動機は何でもいいのです。一冊ではなく、継続して本を作りたい、それが生きる上での楽しみになる、と判断したら、スタートしてみたらいい。


私自身についていえば、結果として、「ひとり出版社」山中企画を立ち上げて8年。40冊近い本を世に送り出しました。最も売れた本でも、5千部くらい。多くは初版千部から千5百部くらいで、増刷にいたったのはせいぜい5冊。

つまりは、さほど当たっているとは言えません。当然、収入も多くない。当年とって65歳、年金も国民年金しか入っていないので生活も楽ではありません。

「じゃあ、やめれば」

言われそうですが、これがやめられない。

楽しいのです。

すべてが電子化され、紙の本なんて時代遅れ、電車に乗ってもスマホ見ている人しかいない時代なのは知っています。

しかし、自分が企画を立ち上げ、自分が汗を流して作った本が形となって出来上がった時の喜びは、格別です。電子書籍では、どうもその「格別」がない。

それに、後で語ることですが、費用も、それほど大してかからない。ちゃんと退職金や厚生年金をたっぷりもらっている方なら、セカンドライフの「楽しみ」として、家庭に負担もかけずにやるのは可能なくらいです。しかも、仮にベストセラーが出れば、従業員もいないのですから、その収益は「ひとり占め」です。

◆本を作る楽しさ

では、具体的にどこがどれくらい楽しいのか？　山中企画で2019年9月に出した『タブレット純のGS聖地純礼』なる本を例にあげて語っていきましょう。

この本は、歌手として、またお笑い芸人としても知られ、かつ昭和歌謡やGS（グループサウンズ）、フォークソングなどのオタクとしても知られるタブレット純さんが著者。

彼がGSの「聖地」を回り、その折々に感じたことを綴った、いわば一種の紀行本です。

そもそも、なぜこの企画を立ち上げたのか?

もともと私は2年前、知人の紹介で元GSの木村武美さんという方とお近づきになり、それがキッカケでその方を著者に『最後のGSといわれた男』なる本を出しました。調子に乗って、翌年もまた『GS第三世代50年後の逆襲』も出しました。つまり、すでに2冊、山中企画でGS本を出していたのです。

実は私、音楽には、若いころからほとんど興味はありませんでした。GSの全盛期はちょうど中学から高校の「ドハマリ世代」だったのにまるっきり関心の外。大鵬・柏戸から北の富士・玉の海に夢中の「相撲少年」でありました。

それがなぜ60過ぎていきなりGSに目覚めたのかといえば、木村さんたちのお話から匂ってきた、あの60年代後半の「時代の匂い」が懐かしかったからです。

ビートルズがやってきて、思いっきりコピーしようとするバンドが出てきて、なんか妙にアイドル的に盛り上がっちゃって、学生運動もガンガンあって、日本全体が不思議なお祭りムードに包まれて・・・。

しかも「GSブーム」って、1967年あたりから、たった2年か3年しか続かなかったのです。景気だけはいいけど、すぐに消えてしまう「打ち上げ花火」のような存在。ロックやフォークみたいに、その後の音楽シーンに定着もしない。

なんかその、派手さと儚さとが表裏一体となっている感じが、やたらタマラなかったのですね。

正直、音楽的な好き嫌いは、一切ありません。今も少年時代と一緒、音楽は関心の外。ただ、GSをテーマにした本は出したかった。1冊目も2冊目も、ヒットしたとは言えませんでしたが、それとこれとは関係ない。私は「音楽本」ではなく、「時代の打ち上げ花火」の本として、改めてGS本を出したかった。

そこでタブレット純さんです。彼は、私が主催しているお笑いライブ「ちょっと昭和なヤングたち」にも何度か出ていただいている顔なじみ。GSオタクで、沢山のレコードを収集しているのも、前から知っていました。

「GS本、やりませんか？」

相談してみたら、

「全国各地の、GSの聖地を回るみたいな本だったらやってみたい」

いいじゃないですか、やりましょう、と即決です。彼は音楽の専門家、私はまったくの専門外。でも、二人とも、あっちこっちをウロチョロと見歩くのが好きな点は、一致しました。

やりたいテーマで、気の合う著者、ないし協力者を見つける、これ、大きな楽しみです。

タブレットさんと二人三脚の取材が始まりました。さすがに全国各地とはいかず、東京の新宿や池袋、横浜、それに京都・大阪あたりまでしか回れませんでしたが、これがとにかく楽しかった。各地でGSゆかりの人たちの話を聞き、昔のままに残っている店から、廃墟になっていたり、別の建物が立ち、昔の面影が全くなくなっているライブハウスなどを訪ねるのです。

かつて大阪で、スターになる前のあのザ・タイガースが合宿

タブレット純さんとは二人三脚で「純礼」をした。

していた「明月荘」というアパート跡地にも行きました。私たちが行った一カ月前に取り壊しがあったとか。惜しい！

取材が終わった後には、タブレットさんの書いた原稿が次々に送られてきます。

これを読むのがまた楽しい。なんというか、GSオタク、音楽オタクらしい「こだわり」と共に、どこか本人が持つ「ぼくは廃墟の中に漂う残骸感が好き」みたいな一般人とは違うやや頽廃的感性、それにいきなり「長閑な声」「ディスコの紫煙」なんて言葉が出てくる奇妙な語彙の豊富さ。そういったものが混ざり合って、独特の「タブレット・ワールド」を醸し出すのです。

私も、セコくてケチで、すぐに「ワリカンにしましょう」という鼻毛の伸びた海坊主として、何度も文章の中に登場します。でも、別に気にならない。というより、かえって嬉しい。

取材先で私自身がスマホで撮った写真を、どのページにどう載せるかは、レイアウトをやっていただいた小野太久一郎さんという方と相談しながら決めていき、写真につけるキャプションは、もちろんタブレットさんに書いていただく。表紙カバーのデザインは、タブレットさん推薦のデザイナー・PONSKYさんにやっていただく。

こうした本の制作作業もまた、楽しみではあります。たぶんプラモデル好きの人が部品を組み立てていくのと似てるでしょう。

　それらのすべてが終わり、印刷所にデータを送ったところで、約半年にわたった「お楽しみ」が一段落するのです。


　しかし、本当の楽しみ、と同時に大きな苦痛は、発売後にやってきます。「売れた」といえば歓喜し、「売れなかった」といえば落胆する、もろおカネの世界。

　平たく言えばギャンブルです。増刷に次ぐ増刷で、まるで札束を刷るようになる本もごく一部にはあるものの、投下した制作費すら回収できない本もあまた。

　残念ながら、私は前者の経験は一切ありませんが、後者は何度も経験しています。

　幸い『タブレット純のGS聖地純礼』は出足まずまずで、制作費未回収ということはありませんでした。

◆「本づくり」のハードルは低い

ここまで読んで、

「なんか面白そうだけど、未経験の人間がいきなりやるのは難しそう」

「別に本業を持って、副業でやるのはちょっと厳しいかな」

「自分には、著者になってくれそうな人や、協力してくれそうな人脈もないしな」

などと躊躇される方も多いでしょう。

でも、本業のかたわら、自分で趣味の同人誌を作っているような方なら、数多くいます。日本全国のラーメンを食べ歩いて冊子にまとめてみたり、毎日書き続けていたペットのブログを一冊の本にしてみたり。

第一歩はそれでいいのです。

要は、そうした同人誌を「商品」になるように作りかえ、書店やネット通販に流通させれば「出版社」としてスタートできます。「商品」になるようにするには印刷会社が手伝ってくれますし、流通についても、手伝ってくれるサービス会社があります。

問題は、何冊も本を作れそうな「ネタ」があるかどうかなのです。

「釣りに関してなら、たくさんネタもあるし、仲間もいっぱいいる」

「鉄道旅行の話なら、ネタも写真もいっぱいある。仲間もいる」

まずはそれで十分。あとは、限られた範囲ではなく、もっと広く多くの人に読んでもらいたい、という意志があるかどうかです。

案外、ハードルは低い。


何といっても、退屈しない。どんな企画を立てるかから始まって、取材や執筆、印刷所への指示、本が出来た後の営業活動など、一冊の本を作り、売るまで仕事は途切れません。しかも自分で制作費を出して売り上げを回収するのですからスリルの連続。

企画も、誰に強制されるわけでもない。楽しいと感じたテーマをやればいい。

こんなに「生きがい」を持てる仕事はありません。

◆今、その「楽園っぷり」を語ろう

ではそもそも「生きがい」とはいったい何なのか？

ある専門家の分析によれば、「自分でなければ出来ないこと」「やっていてとても楽しいこと」「社会的に価値があると実感できること」などのどれか一つでも当てはまることに打ち込んでいれば、人間は「生きがい」を感じられるそうです。

だから「子育て」だって「生きがい」になるし、ボランティア活動も、いわば「生きがい」を得るための行動と考えてもいい。

自分の書きたい本をおカネを払って出す「自費出版」なども、そんな「生きがい」の一つなのかもしれません。

まず、自分の人生を振り返っての自分史の本や、自分の趣味について書いた文章や、撮影した写真をまとめた本を出したい、と考えている人がいます。それに対して、「出版にかかる費用と私どもの利益分をいただければ、本を出しますよ」という出版社がいる。

両社が協力して、著者側が一定の料金を払って本を出すのが「自費出版」です。

ペーパーレスが進行し、やや斜陽化している出版業界の中にあって、確実に利益が得られる自費出版は、とてもありがたい存在といえます。

一方で、著者にとっても、自分の本を残すのは、いわば「記念碑」として重要な行為です。プライドが満足する。

本づくりのために費やす時間もまた、充実したものになります。なにしろ、自分が書きたいと思っているものを書くのですから。「生きがい」につながります。

だから、本づくりをしたいといっても、何も無理して出版社なんか作らずに、自費出版で、一冊、自分がどうしても作りたい本を作ればいいじゃないか、との考えもあるでしょう。

もちろん、それもありです。私の知り合いでも、リタイアを機に、どうしても自分の父親の半生記を残したくて、自費出版で出した人もいます。そこで彼は満足して、二冊目の本を作ろうとはしませんでした。今は旅行に凝っていて、世界中を飛び回っています。

別に、こういう方に、「ひとり出版社やってみたら」とお勧めはしません。

登山でも、一度、富士山の頂上まで登ったから、もうこれでいい。次は社交ダンスでも習ってみようか、という相手に、無理に「また山に登ろうよ」とは勧めません。

本づくりが好きな人、一冊作っただけで満足できそうにない人にとって「ひとり出版社」は最高の楽しみを与えてくれるのです。

たった一つのテーマでも、アプローチの仕方で、まったく違ったものが出来あがります。かりに「自分は『お笑い芸人』が好きなので、お笑い芸人の本を作る」と決めたとしましょう。一人のお笑い芸人に焦点を当てた本、お笑いの歴史を追った本、お笑いのネタを集めた本、お笑い芸人の写真集、お笑い芸人辞典、大御所お笑い芸人の語録集などなど・・・。もう、次々に新しい企画が考えつきます。本づくりの楽しさに魅せられ、二冊目はこれ、三冊目はこれ、とワクワクしながら次の企画に熱中できれば、「ひとり出版社」は、まさに「人生の楽園」といえるかもしれません。

私も、まあ、それです。

とりあえず、その「楽園っぷり」を語りますので、興味のある方はぜひご一読ください。

第1章　「チャンス青木」から始まった！

◆ライターとして生きてきた私

手短かに、私の履歴を書きます。

20代はシナリオライターを目指して、一応テレビドラマの『スケバン刑事』などで脚本を書いたものの、シリーズの途中で、「キミには無理」と戦力外通告をされました。

それから週刊誌のライターに転じて、「週刊プレイボーイ」「週刊アサヒ芸能」など、いわゆる男性向け雑誌で取材記事やコラムを書くようになったのが30代。

40代からは単行本のライターをメインにやるようになり、お笑いタレントの本からJリーグ・浦和レッズの本、モノの原価の本から自衛官の本に至るまで、ジャンルにこだわりなく、50冊以上の本を出しました。

ベストセラーも、賞をとったようなものも一切なしですが、それなりに楽しかったですし、どうにかこうにか生活も破綻せずに続きました。

で、気づいたら、２０１０年代を迎え、もう年も50代後半。還暦も間近。

「一世一代の名作を書こう」とか「絶対に当てよう」とか、そういった向上心はあまりないタイプなので、さほど売れてない状態に不満はありませんでした。

ただ、知り合いの編集者に企画を持って行って、それを企画会議に出してもらう、そして通ったら仕事が始まる、というサイクルが、少々「めんどくさく」感じ始めていたのは事実です。

あくまで企画をやるかやらないかの決定権は出版社側にあって、こちらは、とりあえず待つ。待つだけじゃいやで、動いて取材をやるとなったら、収入のアテもないまま、自腹で取材費を負担しなくてはいけない。

そうした出版社の意向とか気にしないで、勝手に、やりたい時にやりたいことができないかな、と思うようになっていました。残りの人生も少しずつ短くなってる。ならば、より自分のペースに忠実に走ってみよう、となったわけです。

そんな頃に出会ったのが、お笑い芸人・チャンス青木さんでした。

◆チャンス青木との出会い

「チャンス青木」と聞いて、「知ってるよ」という方は、相当マニアックなお笑い通。

浅草の演芸場でのデビューが昭和40年代だというのに、テレビに出演経験はほとんどなし。平成に入っても、かろうじて出演したのはほんの数回で、だいたいは同じ漫才協会に所属する売れっ子・ナイツが、「こんな面白い先輩がいるんですよ」と紹介してくれた時でした。そして、枕詞のように言われたのが、

「芸名はチャンスなのに、一度もチャンスが来ていない」

要するに、私が初めて見た当時で芸歴40年以上なのに、ちっとも売れてない芸人さんだったのですね。

もっとも、浅草あたりの芸人さんの中には40年も50年も売れてない芸人さんはそうは珍しくない。私がチャンスさんに惹かれたのは、その芸風でした。

浅草六区のお笑いの殿堂・東洋館。私は別の芸人さんを見たくて客席についていた時、登場したのが、ちょっとそこに場違いな、厳つくて誠実そうな、中小企業の経理課長あたりによくいそうな60がらみのオッサンでした。

で、さっそく始めた漫談が、ほぼ「自虐ネタ」ばかり、いきなりのツカミが、

「最近は漫才協会もナイツやWコロンをはじめ、売れっ子がどんどん出てきて、若手がすごく伸びてます。心配なのは私だけ」

さらにたたみかけるように、

「これでも私、あのビートたけしさんと、浅草でのデビューはほぼ同期なんです。たけしさんは、フランス座に入ってから10年は鳴かず飛ばず。私のがウケてたくらい。その頃、

私とたけしさんに一緒に食事をおごってくれてたある社長も、『たけしより青木のが面白いね』って・・・。今、会うたびにその社長は言います。『オレは見る目がなかった』

こんなネタもありました。

「この前、それまで青木チャンスという芸名だったのを、ケーシー高峰さんやルー大柴さんが売れてるし、横文字を前にした方がいいかなと思って、チャンス青木に改名したんです。そしたら、さっそく浅草寺から節分の豆まきの仕事が来て、ついにチャンス到来かと喜んだんですが、なんとその年は大雪で豆まき中止。私の人生はつくづく運がない」

自虐のオンパレードです。しかし、浅草のお客さんたちはなかなか温かくて、「まだ諦めるな！」「勝負はこれからだ！」なんて声がかかる。

なんか、ホンワカさせてくれるのですね。

冬場、おでんをつつきながら日本酒で一杯やってるような心地よさ。

芸人でありながら、そんなに売れたり、目立ったりする気もなく、自分が楽しいと感じた世界にどっぷり沈み込んでいる楽しさと諦観とでも言いましょうか。

似てるな、とも感じました。

私自身も、前に書いたように、20代後半に週刊誌のライターを始めて、そのころ30年目の「売れないプロ」。だからチャンス青木さんのネタを見て、ひどく強烈なシンパシーを感じたのです。

あ、この人も、売れなかった自分の人生に対して、なんともいえない「自虐」の気持ちはもっているんだろうなァ。才能がなかった、自分の売り方がヘタだった、期待してくれていた人たちに申し訳なかった、どうしても売れてやるというパッションが足らなかった、などなど・・・。

でもその一方で、とりあえず好きな道を何十年もやり通した満足感もあったはずです。芸人にせよ、フリーのライターにせよ、いやいや続けている人間はまず、いない。途中でやめた人は、だいたい続けたいのにあまりにビンボーだったり、生活が不安定だったり、ネタ作りに行き詰って一歩も前に進めなくて、その道を断念するのです。

調べてみると、チャンス青木さんは、漫才協会の中で、ナイツをはじめとした後輩たちから慕われ、「若手の教育係」として活躍しているという。

「売れないプロ」が「売れないプロ」の本を書く、これってちょっとワクワクするではないか、と私、感じてしまったのです。

さっそく漫才協会を通して、チャンスさんご本人に意向を伝えました。

「あなたのことを本にしたいので、取材させてください」

最初に返って来た答えが、なんと「NO」でした。もともと本なんか出す気がないのか、それとも、相手がもっと有名なライターじゃなきゃ取材を受けたくないのか？

窓口になっていただいた漫才協会の広報の方の話は、そのどちらでもありませんでした。「遠慮してるんですよ。僕の本なんか出しても売れないし、申し訳ない、って」

いささかビックリでした。芸人さんなら、大多数が知名度を上げるために一生懸命になっている中、こんな「控え目」な人物もいるのか、と。と同時に、だから売れなかったんじゃないの、とも思いました。

そこでチャンスさんに対する興味はさらに強くなり、結局、重ねて頼み込んだ末に「OK」が出たのでした。

◆自分で出すしかない！

本の取材そのものは順調に進み、原稿も出来上がっていきました。

ところが、いざこれを出版しようにも、出してくれそうな出版社がとんと思いつかない。

そもそも、「売れてないライター」が「売れてない芸人」について書く、なんていう企画が会議で通るはずがない。

それは私も、先刻承知していたはずなのですが、魔がさしたとでもいいますか、ついつい先の見込みなんか考えもせずに突っ走ってしまったのです。

知り合いの人たちからは、アドバイス、ないしは「警告」を何度かいただきました。だいたい、こんな感じです。

「どうせ企画出すんなら、もうちょっとメジャーな芸人じゃなきゃ、どこも相手にしてくれないぞ」

わかってはいました。ただ、「無名芸人の本じゃ売れない」、そういう社会の常識に挑戦したい気持ちもありました。

相談したのが、小野太久一郎さんです。元は東京・本郷の「風塵社」という小さい出版社の社長。事情があって社長の座からは離れていますが、自身で風塵社を立ち上げただけに、出版業界には精通しています。

彼の最初の反応も、他の人たちと同じ。

「チャンスさんは、失礼ながら、私も知らない。どこに持って行っても企画は通らないでしょう」

しかし、本を出して、書店にも並ぶ方法を一つだけ提示してくれました。

「自分で制作費を全部出して本を作り、流通は手数料を払ってサービス会社に頼むのです」

つまり、どこかの出版社に本づくりを依存するのではなく、本が出来上がるところまでは、あなたがすべてやんなさい、ということです。

ごく簡単に、システムを書きます。

まずテーマの取材をし、原稿をまとめる。ここまでは、私もずっとライターをやっていたわけで、慣れています。本の中で使用する写真や図などを集める、これも同様です。

とはいえ、集まったデータを本の形にレイアウトしていくのや、表紙のデザインなどは、私はできません。そこはデザイナーに任せる。当然、デザイン料は発生します。

チャンス青木さんの本の場合は、レイアウトのスキルを持っている小野さんにそのままお願いしました。

これで印刷用のデータが揃ったら、印刷会社にメールで送ります。印刷・製本一切は、そこがやってくれます。この印刷会社もまた、小野さんに紹介していただきました。いうまでもなく印刷・製本代は私持ちです。

さて、出来上がった本は売らなくてはいけない。「手売り」といって、この本を買ってくれそうな人、チャンス青木さんのファンや後援者、友人、あるいは所属している漫才協会関係者などに直接買ってもらう方法が一つはあります。

しかし、それだけでは利益はおろか、すでに使ったデザイン料や印刷・製本代さえ出ない。やはり書店やネット通販会社などに流して、商品として流通させなくては意味がない。

そこでまた小野さんがアドバイスしてくれたのが、「星雲社を利用したら」でした。

一言でいえば「流通代行責任会社」ですね。出来上がった本を一定数引き取って、それを日販、トーハンなどの取次会社を通して市場に流してくれる。

だったら、そんな会社は通さずに、直接、取次会社に持っていけばいいじゃないか、とお考えの方もいるかもしれませんが、取次会社はある程度の実績をもった相手でなくては、直接の取引はしてくれません。実績ゼロで書店やネット通販に並べたければ、まず、そうした流通代行責任会社に委託するのが順当な手順なのです。

私も、手順に従って、出来た本を星雲社経由で市場に流すことにしました。

初版で刷ったのは千部。そのうち500部は「手売り用」に保管し、500部は星雲社に委託したのです。

すでに「株式会社山中企画」の登記はしていたので、これでとりあえず形の上では、本を一冊は出した「ひとり出版社」のスタートです。

◆名前はチャンスなのに、ピンチの連続

いや、ご本人が「ぼくは名前はチャンスなのに、ちっともチャンスをつかんだことがない」と自嘲するくらい、チャンス青木さんの本はチャンスどころか、ピンチばかりの連続でした。

第一のピンチは、本がもうすぐ出来上がる、という直前。2011年12月にチャンスさんが突然、体調を壊して、故郷・熊本に一度引っ込んでしまったことでした。

すでにデザインも出来つつあり、印刷の段取りまで話が進んでいた最中だったので、あれはショックでした。

2〜3カ月ほど待ったでしょうか。体も治ったので、またホームグラウンドの浅草・東洋館の舞台に復帰すると聞いて、私はとにかくホッとしました。本のこと以上に、またチャンスさんのネタを見られる、というのが嬉しかったのです。

自虐ネタ以外にも、チャンスさんには独特のダジャレネタがありました。たとえば、今や皇后となった雅子さまが、かつてご結婚前に「ショコラ」という犬を飼っていた話は有名ですが、チャンスさんの定番ネタにも登場していました。

「雅子さまの飼い犬・ショコラは、ときどきどこかにいなくなっちゃうんです。そこで雅子さまは、こうおっしゃる。『ショコラへん、さがしなさい』」

浅草のお客さんは皇室好きが多いのか、なぜかこれがいつもバカ受け。そんな時の、チャンスさんは嬉しそうで、ちょっと誇らしそうで、でもこの程度で喜んじゃいけないと自制しているような、実に微妙な表情になる。

それが見られただけでも、心なごみます。

２０１２年も春になって、本は完成のメドがつき、５月には発売できる見込みが立ちました。タイトルは『中二階の男　チャンス青木』としました。売れっ子のいる「二階」でもなく、若手が集う「一階」でもなく、間にいて、その両方を支える「中二階」こそ、チャンスさんの居場所に相応しいと感じたからでした。

ところが、ここで第二のピンチが起こったのです。

足立区綾瀬の宴会場で出版記念パーティーの予約もとり、すでに招待状も発送して、ある程度返事も返って来た矢先、チャンスさんが再び倒れたのです。

すでにパーティーの出席予定者は１００人を超え、その方々にはすべて本をもって帰っていただくわけで、いわば一度に１００冊以上は「手売り」できる大切な場です。製作費回収のためには、開催は欠かせません。

が、倒れたのを聞いて、慌てて病院に駆け付けた時、私はすぐに諦めました。ベッドに寝込んだチャンスさんの病状は、とてもパーティーに耐えられる状況ではなかったからです。

「すいません。今回は中止にしてください」

ずっとチャンスさんを支え続けた奥様に頭を下げられ、恐縮するしかありませんでした。

たとえパーティーはなくなっても、せっかく作った本ですから、発売はします。

そして、まさかもはや新たなピンチはなかろう、とタカをくくっていた数カ月後。最高のチャンスが、最悪のピンチに変わってしまったのでした。

それは、昼に放送予定の『アメトーーク!』特別篇での出来事でした。

ナイツが、司会の雨上がり決死隊を連れて浅草の名所を歩き、さらには、漫才協会の大先輩たちを紹介する、という企画です。おそ

らくナイツが率先して、東京のお笑い界を盛り上げるために提案したものなのでしょう。

で、なんとその番組に、チャンスさんも登場することになりました。しかも、番組内で『中二階の男　チャンス青木』を宣伝してもいい、と。

これこそ、願ったりかなったりの大チャンスです。昼間とはいえ、あの人気の高い『アメトーーク！』で、ドーン！　と本が出せるのですから。

チャンスさんも興奮していました。本もなくしちゃいけないと、わざわざカギ付のバッグに入れて撮影現場に入りました。

いよいよ出番！　ナイツに紹介されて、雨上がりの目の前に現れたチャンスさん、トークを繰り広げる中でそろそろ本を出そうとバッグを手にしたまではいいのですが、何とカギが見つからない！　進行するトークの最中も、必死にカギを捜したのですが、とうとう出てこない。バックが開けられないために本もとり出せないまま、次に登場する師匠の番がきてしまったのでした。

今一つ押しの弱いチャンスさんは、結局、「仕方なかった」と宣伝を諦めてしまいました。

まいった！　本当に「名前はチャンスでもピンチの連続」だったのです。

◆ギャンブルにハマる

こんなピンチの連続の結果、『中二階の男　チャンス青木』は制作費も回収できない敗北に終わりました。

しかし、こんなにスリルとサスペンス連続のスリリングな日々もありませんでした。ライターだけやっていた当時なら、まずどんなに売れない本を書いても最低、印税はもらえる。持ち出しはありません。売れれば売れた分だけ、印税も増える。

つまりは「仕事」なのです。

一方、「ひとり出版社」はギャンブルです。売れると見込んで、どんなに安くても一冊数十万円の製作費をまず投下します。その上で、宣伝費などにさらにカネをつかわなくてはいけない場合もあるし、著者を立てたら、印税も払わなきゃいけない。売れればまとまって自分に入ってくる代わりに、売れなければ損はカブる。だから、本づくりに駆け回った末に収支はマイナス、なんでザラなのです。

やってみると、これがまた実に刺激的。チャンスさんが倒れたと聞けば沈み込み、回復して出版パーティー開けるとなったら喜び、『アメトーーク！』登場となったら歓喜して、カギが見つからないとなったらドツボにハマり・・・。

　退屈のしようがない。しかも、アマゾンのランキングが上がったと言えば喜び、下がったと言えばヘコみ。

　私は、その楽しさを知ってしまったのです。しかも、賭けの対象は、何カ月もかけて自分が思い切りエネルギーを投入して作りだした「商品」です。株やFXのような、どこか他人任せのアイマイなものじゃない。

　数十万円のマイナスは、さほど苦にはなりませんでした。それより、次こそは当てたい、そんなパッションのほうがふつふつと湧き上がったのであります。

チャンスさんは2016年、お亡くなりになりました。
享年72。ご冥福をお祈りいたします。

ひとり出版社の作り方①　企画を立てる

繰り返すまでもなく、「ひとり出版社」を志す限り、スタート時に企画は最低でも5〜10本はあったほうがいいです。「自分はどうしてもこのテーマで一冊だけ本を出したい。あとは考えていない」というのであれば、自費出版で、どこかの会社に出してもらうか、同人誌のように、自分で作って同好の士に売るかあげるかすればいい。

まずは基本的に「出版社」である限りは、何冊かは本を出し、それが「商品」として成立していなくてはいけません。

私が最初に出した『中二階の男　チャンス青木』も、限りなく「趣味本」に近いニッチ系の内容ですが、私なりに皮算用は立てました。

とりあえず、初版千部として、そのうち半分はチャンスさんのファン、友人をはじめとした方々向けに「手売り」でさばく。「浅草芸人好き」の人たちも100や200はいるだろうし、帯の推薦文はナイツに出てもらったので、そのファンも少しは反応するだろう。お笑い関連本なら必ず買うような「マニア」もいるだろうし、チャンスさんの出身地である熊本でも、そこそこは動いてくれるだろう。となれば700〜800はカタいし、ちょっと波に乗れば初版は完売もあり得る、と。

結果として、それらがすべてアマい幻想と悟ったわけですが、基本姿勢として「作ればいい」ではなく、「売りたい」から始まっているのは確かです。

要するに、出版社である限り、「ただやりたい企画」ではなく、「やりたい上に、作って売れそうな企画」を考えなくてはいけません。そこんところが難しい。


ひとり出版社で、最もスムーズに生き抜けるパターンとして、「ワンジャンル勝負」があります。

たった一つのジャンルだけに徹底的にこだわり、それ以外の分野には一切目も向けない。スピリチュアルならスピリチュアルだけ、数学なら数学だけ、鉄道旅行なら鉄道旅行だけ、そればっかり。

ひとり出版の経営者自体が、ほぼそのジャンルのマニアであって、読者たちに「レジェンド」扱いされているケースも少なくありません。仮にテーマが鉄道旅行なら、日本各地から世界、豪華列車から各駅停車のビンボー旅行まで種々あって、ネタも尽きない。

一定数の、出せば買ってくれるマニア仲間たちも見込めて、「やりたい上に、作って売れる企画」を立てやすいのです。書店でも、「この会社の本ならここ」と置いてくれる場所がほぼ決まっていたりします。

逆に、自分の趣味嗜好は封印して、ひたすら売れそうな企画を考えるようなひとり出版社はめったにありません。主婦のレシピ本が当たったらレシピ本、断捨離本が当たれば断捨離本、と流行の後追いになりがちですし、その土俵に立てば、営業力もあって著者も集めやすい大手出版社に敵うわけがない。まずやってもムダ、なのです。

ワンジャンルばかりでは飽きる、かといって毎回ジャンルがバラバラでは固定ファンがつかめない。そう考えるひとり出版社の多くは、安定した売り上げを見込める得意ジャンルを持ちつつ、ときたま、うまくすれば売れるかもしれない、といった「ギャンブル本」を挟むパターンも多いようです。

やはりひとり出版社を立ち上げ、維持していこうとするなら、どこかに「こだわり」はないといけないでしょう。どうしてもやり続けなくてはいけないジャンルやテーマ、出版社をスタートさせる時点で、それにまつわる企画が何本もないといけない。ですが、こだわりが強すぎて、まったく採算を無視すると、遠からず行き詰ります。このあたりは、柔軟にいかなければいけない。

私も、『中二階の男　チャンス青木』がそこそこ結果を出したら、次にこれをやろうと、何本か「お笑い」関連企画を考えていました。苦戦となって、考え直しました。自己満足だけではひとり出版社はもたない、と悟ったのです。

第2章

「腸」のオーソリティ
田中保郎先生との出会い

◆「お笑い企画」の封印

『中二階の男　チャンス青木』の出版準備をしていたころ、私は、山中企画の中心テーマを「お笑い」にするつもりだったのは確かです。しかも、普通の出版社では企画が通らなそうなマイナーな素材をとりあげて、あえてニッチなお笑い好きを掘り起こそうと。

たとえば、考えていた企画の一つに『カルト芸人大集合』なんていうものもありました。舞台でずっと下ネタばっかり言ってたり、すぐ裸になりたがる芸人、タブーとされているような皇室ネタや宗教ネタばっかりの芸人、知っている有名芸人の暴露情報、特に女性関係や金銭関係の赤裸々な話を好んでしゃべり倒す芸人など、そういった、テレビには出せないようなメンバーのインタビュー集です。

実際、『デラべっぴん』なるエロ系月刊誌で、カルト芸人に毎回取材に行く連載記事をやっていたので、実現はそう難しくはなかったのです。

昭和の代表的な「芸人ギャグ」を集めた『昭和ギャグ大辞典』なんていうのも考えていました。

芸歴20年を超えても売れない芸人ばかりを集めた『一発屋にもなれない人々』といった

企画も温めていました。

私は、あの関根勤さんが座長の劇団「カンコンキンシアター」に20年間在籍したり、いくつか、お笑いライブを主催してみたり、もともとお笑い関連の活動が多かったのです。

最終的には、『中二階の男　チャンス青木』の売れ行き状況を見て、「こりゃ、やめとこう」とひっそりと封印してしまったのですが。

◆長崎弁のヘンなオジサン

で、まだチャンスさんの本が出る前の2012年2月ですから、お笑い企画封印を決める前、私は健康食品会社のオーナーをされている渡辺鉄夫さんという方から、一本の電話をいただきました。

「ちょっと面白いお医者さんがいるから、会ってみないか」

なんでも、「人は脳ではなく、腸で物事を考えている」と妙な説を唱える、長崎の医師なのだそうです。すでに本は一冊出しているものの、話の持っていき方によってはもう一冊くらいは出すかもしれないと聞き、とりあえず会ってみることにしました。

今、出版社は大小に限らず、著者がおカネを出して作る「自費出版本」は、大事な収入源になっています。出版社が200万円で制作を請け負い、70～80万円の制作経費で本を作って残りを利益にする、とか。

私も、最初はそんな契約が成立したらいいな、といった気持でした。脳ではなく、腸で考える、なんて、そんなトッピな話は、そのお医者さんが、世間の注目を集めたくて、わざと奇をてらってるくらいにしか考えませんでした。

銀座にあった渡辺さんのオフィスには、渡辺さんと一緒に白髪の人物がおり、会うなり、

「オイば、田中いうもんやけん、よろしく」

長崎弁全開の独特な語り口に、やや圧倒されてしまいました。銀座に来て、堂々と方言で押し通す人はなかなかいない。少しは標準語に近づこうとするものです。

これがつまり、8年後の今も、ずっとお世話になり続けている田中保郎先生との出会いでした。

先生の考えは、その10年も前から唱えていた「東洋医学考根論」に集約されます。植物においては「根っこ」が全体をコントロールしているように、人体にあっては栄養や水分を吸収して全身に行きわたらせる腸が、「根っこ」の役割を果たしている。動物は、ヒドラやヒトデのような腔腸動物の段階ではまず口と肛門が一緒の腸管だけがあり、進化の過

程で内臓が分離して、脳も独立したのだ、というのです。

要するに、もともと腸の方が先で、脳は後からできたもの、だから脳が全身をコントロールしているといった前提が、そもそもおかしいとか。

半信半疑でした。どうも、聞いていくうちに、そんなに荒唐無稽な説でもないらしいのはわかってきたものの、しかし、「人は脳で考える」のは、子供の時から学校で習った「常識」です。いきなり「脳じゃなくて腸だ」と力説されても、そう簡単には肯定できない。

ただ田中先生の話は、不思議な説得力がありました。

「西洋医学は、葉っぱが枯れたら葉っぱを診て、花が枯れたら花を診る医学たい。東洋医学は、まず根っこを診る」

西洋医学が、風邪を引けば風邪薬、頭痛に苦しめば頭痛薬、と症状に合わせた薬を使って治そうとするのに対し、東洋医学は一人一人の体質に合わせて「根っこ」のところから治療する。そして、まさにその「根っこ」に当たるのが腸だというのです。だから、腸さえ整えば、体のトラブルだけでなく、うつ病やパニック障害などの「心の病」さえ改善する、と断言する。

こりゃ、いい人と出会った、と感じました。別にまだ田中先生の理論に納得したわけではありません。でも、世の中の「常識」に逆らって、必死に自説を語る反骨精神のようなものがカッコよかったのです。

「オイのような長崎のイナカ医者があれこれ言うても、東大、京大の先生にはかなわん」

やや自虐的な言動が混じるのも、いわばご愛敬。

さっそく、先生がすでに自費出版で出していた『東洋医学考根論』（長崎文献社）を一冊いただき、帰って一通り読みました。

ずっと「栄養や水分を吸収するだけの臓器」として、脳に比べて低くみられてきた腸、時代遅れの医学として冷遇されてきた東洋医学に対する「愛」が全体からにじみ出てくる内容でした。

この時点で、本を出す動機が「自費出版で小金を稼ごう」から、「このヘンな先生の考えが世の中に広がるために協力しよう」に変わりました。先生に魅力を感じたのです。

◆数多くの患者を治していた！

とはいえ、先生の「脳より腸」の主張には半信半疑のまま。一度身に付いた「常識」はそうやすやすとは覆りません。

ようやく先生の本当のスゴさに気付いたのは4月末、当時の職場である西諫早病院を訪ねてからでした。

ここで軽く先生の経歴に触れると、まず昭和42年に長崎大医学部を卒業してしばらくは、ごく普通の西洋医学医師としてすごし、54年には地元・諫早で開業しています。そこで鍼灸による治療を始めたのをきっかけに東洋医学の奥深さに気付き、と同時に、腸が心身をコントロールする大切な臓器なのも知ったのだそうです。

私がうかがったころは、経営に神経をすり減らす開業医をやめ、西諫早病院で東洋医学外来の担当医となっていました。

田中先生の診療は、実に独特でした。少し問診をした後は、「腹診」といって、ベットに仰向けになった患者さんのお腹を触わり、それで症状を読み取る。あとは、体質、症状

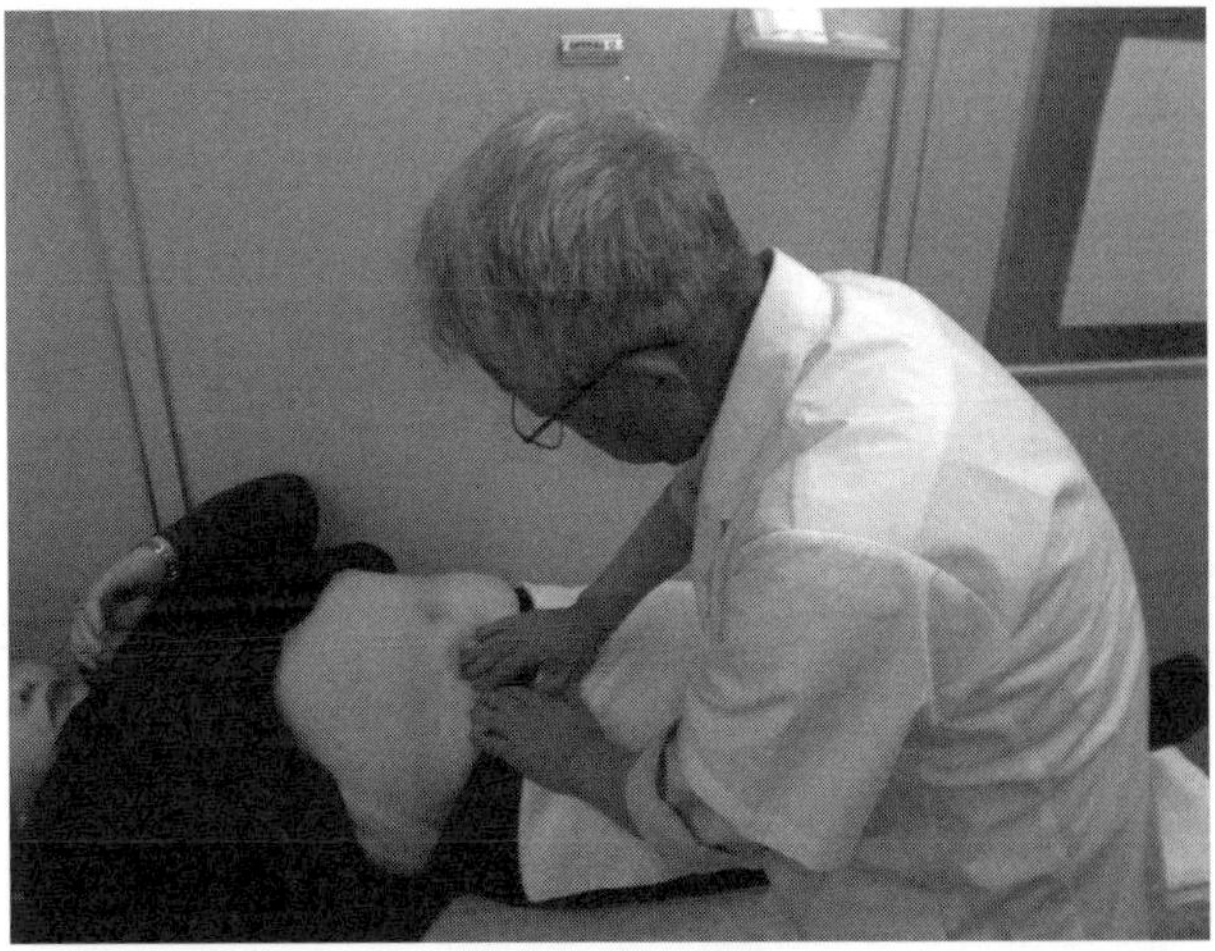

田中先生による「腹診」。

に合わせた漢方薬を選んで処方する。

わざわざ私が来たというので、先生は、その「腹診」で治ったり、症状が改善した患者さんやその家族を呼んでいました。

中でも印象的だったのが、息子さんの不登校と家庭内暴力で悩まされていたのが、田中先生の治療のおかげで改善された、と語るお母さんでした。どの病院でも息子さんの症状は好転せず、「病院に入れるしかない」とまでいわれていたのが、先生の「腹診」と漢方薬処方でよくなったというのです。最初に、ひどい便秘だったのを漢方薬投与でよくなったと同時に家庭内暴力がおさまり、そのあと1年以上かけて少しずつ「ひきこもり」も好転していったとか。

「脳は一切触れとらん。お腹だけたい」

これだけ明快な実例を見せられたら、うなずくしかありません。

私は、田中先生が「腸」や「東洋医学」と出会った経緯と、先生の唱える「東洋医学考根論」を織り交ぜた、『長崎発☆東洋医学医師　田中保郎の挑戦　「心の病」は、腸を診れば治る!?』という本を作りました。

◆突然来たチャンス

発売は2012年7月でした。

ひとり出版社・山中企画には、なかなか独自に書店回りをしたり、広告を出したりする営業力はありません。「この本を注文してください」と書いた注文書を書店にFAXで送るなり、取り上げてくれる可能性のある新聞、雑誌、テレビ番組などに献本するのがせいぜいです。SNSもまったくやらないわけではないものの、60歳間近の私の年齢的なものもあり、今一つ、有効な活用法がよくわからない。

ただ、その割には月に10冊、20冊とコンスタントに書店からの注文もあり、田中先生ご本人も自分の治療室で患者さんに売ってくれたりしたのもあって、『中二階の男』に比べて、非常に順調な滑り出しといえました。

制作費を回収した上に利益を上げられそうなのも見えて来て、私は調子に乗って、すぐ、

「第二弾、いきましょう」

と田中先生に申し入れたのです。せっかく田中先生によって救われた患者さんがたくさんいるのだから、その人たちの話を取材して、一冊作ればいい。前に書いた登校拒否の少

年やうつ病だけでなく、パーキンソン症候群、不眠症、アルツハイマー、拒食症など、様々な症状で苦しんでいた人たちが、先生の腹診によって改善しているのです。

何と、その準備に入っている最中のことでした。

田中先生のもとに、耳寄りな話がもちこまれたのです。テレビ東京系で放送している医療系番組『主治医が見つかる診療所』のスタッフが、ぜひ一度、取材にうかがいたい、と言ってきたらしい。しかも、『「心の病」は、腸を診れば治る!?』もちゃんと読んでる。

これは大チャンスです。

もし田中先生が地上波テレビに登場したら、それ以上の宣伝効果はありません。何

十万もかけて新聞広告出すより、ずっと効き目が高い。

やはり「脳より腸」という先生のユニークな主張と、お腹だけを診る診察法に、番組側も面白さを感じ取ったのでしょう。

が、取材には来たものの、当初はやや及び腰だったようです。先生いわく、

「エビデンスがどうちゃらいうて、あんまり乗り気じゃなかけん、しょうもなか」

テレビですと、実験結果でこんな数字が出た、とか、こんな臨床データがある、とか、その治療法は正しいと認められる「根拠」、つまりエビデンスを求められるのですね。アイマイな治療法を紹介して、後で叩かれたりするのが怖い。

一方で、東洋医学は、もともとそのエビデンスとは肌が合わないところがあるのです。西洋医学のように、数値化して、数字がこれを上回ったら病気、下回っていれば健康、なんて基準はあまり考えません。医師個々の経験や勘に頼る部分が多いのですね。

だから私も、もう先生の『主治医が見つかる診療所』出演はないだろう、と諦めていました。そしたら、急きょ、「出演決まった」と田中先生から連絡をいただいたのです。

エビデンスの問題がどうクリアされたのか、私にはさっぱりわかりません。とにかく出演決定は嬉しかった。

◆テレビに出た途端、売れ行き急上昇！

オンエアは2013年3月18日。

さすがテレビでしたね。田中先生が出演した途端、一気にアマゾンのランクが跳ね上がりました。「薬草・漢方」などのジャンルでは、トップに躍り出るくらい。

それまで月10冊単位の注文だったのが、数百冊単位になり、急いで増刷の発注をしました。

田中先生の出演は2回、3回と続き、さすがに1回目ほどの目だった数字の動きはなかったものの、安定して月数十冊単位の注文が1年以上はありました。

トータルで三刷5千部。大手出版社から見たらどうってことない数字ですが、常に初版千部からせいぜい2千部くらいしか出せないひとり出版社としては大成功です。返本もほとんどなく、ほぼ実売なので数百万円のプラスになったのは確かです。

わずかばかりの返本も、それ以降でも月5冊から10冊くらいの注文が続いているので、もうほとんどありません。

このまま田中先生が『主治医が見つかる診療所』に出続けてくれたら、第二弾もいけるし、三弾、四弾とどんどん出していこう、と勢いづいた矢先、いきなり先生のテレビ出演は終わりを迎えてしまいました。どうして出られなくなったのか、ご本人に聞くと、返ってきた答えが、

「オイは、食物繊維ば、さほど評価しとらん」

どうやら、テレビ側に、「食物繊維は腸にはとてもいい」とコメントしてほしい、と頼まれて、自分はそこまで食物繊維がいいとは思わない、と答えたらしいのですね。

テレビ局は、できるだけ出演者には番組の流れに沿ったコメントを期待します。さらに流れに逆らった人は敬遠する傾向もある。番組制作上、やむを得ないところであり、長くテレビに出続けるなら、そのあたり、うまく折り合っていく必要があるのです。

聞いて私は、一瞬、「なんだよ。『まあ、食物繊維もいいですね』くらいでうまくすり抜けてくれよ」と思ったものの、そこをすり抜けられない田中先生の偏屈さも、けっこう悪くはないな、と感じました。この頑固さがあったからこそ、周囲の目など気にせず、ずっと「脳よりも腸」と言い続けてきたのですから。時の流れや周囲の思惑に流されないタイプなのでしょう。

◆ずっとお世話になってます！

第二弾は、２０１３年４月に発売しました。タイトルは『長崎発☆東洋医学医師　田中保郎の挑戦２　人の心は腸にあり』です。これも第一弾ほどとはいかないまでも、ひとまず安定した売れ行きで、さらに年内には、田中先生の理論をやさしく解説した『よくわかる東洋医学考根論』、翌年にはその生活の中での実践編ともいえる『家庭で出来る東洋医学考根論』を出しました。

結局、テレビに出る出ない関係なしに、出し続けたわけです。田中先生の本は、一定のファンもいて、確実に売れるのです。

田中先生関連本は、まだ終わりません。

２０１５年には、田中先生が、「これこそ、腸が作り出す最高の物質」と常々おっしゃっている「醍醐」という発酵物質をテーマにした『腸内フローラが生み出す究極の健康物質「醍醐（第五段階発酵物質）」とは？』を出しました。これが第五弾。

第六弾目が２０１７年の『「病名漢方」で漢方薬は使うな!?』です。田中先生は葛根湯を「風邪薬」として使うような、漢方薬を西洋医学的な価値観で処方することに以前から批判的でした。漢方薬は、あくまで体の体質を整えてバランスをよくする薬であり、「この病気にはコレ」といったように病名ごとに効く薬があるわけではない、というのです。この本では、そんな、以前から感じていた思いを吐露した内容です。

で、第七弾が２０１９年の『「ひきこもり」は腸で治す!?』。今、社会問題になっている「ひきこもり」も、脳ばかりではなく、腸を診て治す、との選択肢もあるではないか、と田中先生は持論を展開しています。

実は、こうした山中企画出版の本ばかりでなく、私は田中先生の本の編集協力も2冊ほどさせていただきました。

２０１５年発行の『驚異の腸内フローラ』（ぶんか社）と、２０１６年発行の『一生健康に過ごせる「腸」は3歳までに決まる』（河出書房新社）です。どちらも、山中企画の田中先生のシリーズを読んでただいた上で、「ぜひウチも出したい」とオファーいただいたものです。

つまりは、「ひとり出版社」から「有名出版社」に「出世」したわけです。

それればかりではありません。２０１３年に山中企画で出した『腸を愛する習慣』（井原敏男・著）も、『「腸」整体師になろう！』（中山建三・著）も、どちらも、著者の方が、

「田中先生が出されているところならいいだろう」

といって、声をかけていただいたのです。

そして今も、田中先生が地方に講演に行かれる時、私もしばしば先生の本を売りに会場に行きます。ほぼハズれがなく、数十冊、ときにはトータル百冊以上も売れます。第一弾から第七弾まで、満遍なく売れます。

田中先生に、ここまでお世話になるとは、到底、初対面の時には想像もできませんでした。「脳より腸、なんて奇抜なことをいう、ヘンなオジサン」という印象だったのですから。

たぶん田中先生との出会いがなければ、「ひとり出版社」は8年ももたなかったでしょう。

こういう出会いがあるのがまた、「ひとり出版社」の醍醐味なのです。

ひとり出版社の作り方② 著者との出会い、取材の仕方

出版社を続けていくためには、いいネタをもった、あるいはたくさん本が売れるだけの人気や人脈を持った著者と出会わなくてはいけません。

私も、もともとライター出身であったので、最初の『中二階の男 チャンス青木』は、あくまで著者は私で、チャンスさんの生き方や日々の生活をリポートする形でした。田中保郎先生の第一弾も同様で、著者は私でした。

ですが、それだけでは、どうしても限界が来ます。

そんなひとりで次々と、自分で書けるネタは出てこない。という以上に、「最低でも制作費は回収できる」企画は、なかなか出てこないのです。

チャンス青木本でつくづくわかったのですが、今、本を出しても、自分の自己満足と甘い皮算用だけで利益を出せる本なんて、ほとんどない。田中保郎先生の第一弾などは、偶然、テレビが扱ってくれただけのラッキーとしかいいようがない例外です。

さすがのひとり出版社でも、利益の出ない本を5冊も10冊も出していたら行き詰まるのは目に見えていました。

そこで、私は今後出す本を、著者のタイプごとに分けて考えていくようにしました。

まずは、著者が「有名人」、ないし一定のファンを持っている方で、この方の本ならばある程度以上の売れ行きが最初から見込めそうなケース。

話し合いによっては「印税」もお支払いしますが、本人が「いいよ、いらない」と言っていただけるのなら、支払いはなし。情けない話ですが、これくらいハードルをさげないと、利益を出すのはキツいのです。

次が、本人が広い人脈を持っていて、出版パーティーでも開けば200人や300人の出席は見込めるようなケース。「印税」は、なしにしていただき、とにかくパーティーなどで本を買ってもらい、ある程度までは制作費を最初にカバーしてもらう。その上で、利益が上がるところまで売り上げを積み上げていくのです。

すでに本人があらかじめ、千部くらいなら売る力を持っている著者もいます。たとえば自らセミナーを主宰していて、教え子に売るだけで千部は軽く超えてしまう方とか。

そういう方は、もちろん大歓迎です。

あとは、著者自身におカネを出していただくケースです。大手出版社の「自費出版」のように何百万も要求するのではなく、とにかく制作費は負担してもらう。著者ご本人のお話を聞いて、私の方が文章にまとめるような場合は、それにプラスアルファでライター料も上乗せさせていただく。書店などで売れた分は、利益として私がもらう。

とにかく、この中にあてはまる著者の方々で年3〜4冊は作り、自分の趣味で出したい本、売れそうにないけど、ウキウキしながら作れそうな本は年1冊くらいにしとこう、と決めました。ベストセラーを作る、といった見果てぬ夢より、「ウサギとカメ」のカメでいいや、となったのです。

セコいことばかり言うようですが、細々とでも本を出し続けるためには、こうした割り切りは欠かせません。また、こういうスタンスで、「ウチはこのジャンルの本しか出しません」とか「社会的に有益と思える本しか出しません」なんて一切言わなかったために、これからおいおい書きますが、より多様な著者の皆さんと出会えた楽しみも味わいました。

こう書いていくと、まるであくまで前提は「採算」で、たとえ気の合わない著者でも、本をたくさん売ってくれそうな相手なら、スイスイと付き合っているように思われるかもしれないですね。

とても、そんなに器用にはいかないのです。それが出来るくらいなら、もっと別のビジネスでちゃんと成功してます。

一例をあげましょう。ある女性経営者の本を手掛けそうになったことがあって、彼女の話を取材して、ほぼ原稿はまとまりかけました。ところが、いざ本を作る段階になって、彼女は、自分が信頼しているとかいう男性の経営コンサルタントの人に、カバーのデザインから中身から、なんでも相談しだすんですね。それで、そのコンサルタントが「ダメ」というと、彼女がこちらに「直し」を要求してくる。またそのコンサルタントが、ろくに出版の経験もないのに、「僕の言う通りやればベストセラー確実」みたいな山師的な感じなのです。

私としては著者にチェックされるのは当然だし、抵抗はない。しかし、横から口を出されるのはたまらない。私がカバーのデザイン案を彼女に示して、さっそく彼女がそれをコンサルにメールで送り、コンサルから「こんなデザインはボツ」と返事が戻ってきてあっさりボツにされた時は、表面はそしらぬ顔でしたが、内心、煮えくり返りました。「自分で決めろよ！」とドナりたい気分でした。

彼女は、数多くの顧客も持っているようなので、売り上げ的には期待できるかもしれない。

もとより、そこが目的で動き出したのも事実です。でも、とっとと手を引きました。嫌な人間とやる必要はない。「ひとり出版社活動」は、そもそも面白い相手と組んで本づくりをすることで、人生を楽しむのが目的なんですから。「採算第一」なら、私も、もう少しは今より豊かになっています。

要するに、大前提として、気の合う、ないしは尊敬出来たり、惹かれたりする相手でなくては、一緒に本を作る気にはなれない。出会いのキッカケはいろいろでしょう。ただ、ウマは合いそうにないのに、本が売れそうだからと著者になってもらうのは、やめといた方がいい。余計な「苦労」は背負い込むものではありません。

著者の方もいろいろです。

原稿は自分で全部書くという方も当然、います。こういう方の場合は、それが出来上がるのをひたすら待つしかない。なかなかこちらのスケジュール通りにはいかないので、かえってやっかいなことも多い。たとえば3月と7月に別の本を出版するので、なんとかその間をとって5月あたりに出したい、とこちらは計画しても、ご本人が忙しかったり、うまく書き進められなかったりで、どんどん時間が過ぎてしまうケースもあります。

山中企画の場合、多いのは、まず私が著者の方の話を聞いて原稿をまとめ、それをご本人にチェックしていただく形です。ただ、あまり原稿を直さない方もいれば、大幅に手を入れる方もいます。どちらにせよ、割合スケジュールが決めやすいのが、私にとっての大きなメリットです。すでに書いた原稿をお送りして、「1カ月以内に直してください」と頼めば、まず期限内に直していただけます。

こうした「聴き取り」による原稿作りは、まずは簡単に、本の構成案を作るところから始まります。たとえばある演歌歌手の方の半生を綴る本を作るとしたら、あらかじめ。「1章　幼少期、青年期　2章　デビューに至る経緯　第3章　デビュー後　第4章　デビュー10周年の現在」などと章を区切って、どんな内容を盛り込んでいくか、一応、想定案を作るのです。

それで、章ごとに3時間程度の取材時間で話をまとめていこう、と計画を立てた上でご本人の取材が始まります。

計画通りに行くのは、さほど多くはありません。幼少期のご本人と家族の話が膨らんだり、デビューに至る経緯でそれほど特筆すべきエピソードがなかったりとか、様々です。そうした時はあらかじめ作った設計図はどしどし変えていけばいい。

ただ、取材するに当たって大事なのは、まず事前に何を聞くか、項目を確認することです。「なぜ演歌が好きになったのか？」「ご両親はどう支えてくれたのか？」「特に好きだった曲は？」「演歌好きだったために周囲を驚かせたエピソードは？」などと、メモした上でインタビューを始めます。大事なことの聞き洩らしを出来るだけ防がないといけない。話は主にメモをしながら聞きます。ボイスレコーダーも、とりあえず持っていった方がいいでしょう。私は、あまりテープ起こしは好きではないですが、ついうっかりメモからこぼれた重要な情報を、ボイスレコーダーで聞いて気付いたりしたこともあります。

取材をもとに原稿をまとめてみた後、中には全面的にやり直してほしい、と言ってくる著者の方もいます。はじめのプランでは「自分の半生」をメインにしてみたけど、やってみたらそれより「自分の経営哲学」をメインにしたい、とか。そうした場合、私なら、一回は著者の方の意向に合わせて、取材をやり直して書き換えます。しかし、再び全面変更を言ってきたら、その著者との付き合いはやめます。

たぶんお互い気が合わないか、著者自身が何をテーマに本を作りたいかが明確でないか、どちらかだからです。こういう本はなかなか完成まで至りませんし、手間がかかるだけで、やっていて楽しくありません。

第3章　マムシさんと河崎監督

◆マムシ本、ふたたび

チャンス青木さんの本と同様、ぜひ出したいと考えていた企画がありました。毒蝮三太夫さんの本です。「ババアのアイドル」として、長く広い人気を誇る、あのマムシさんをぜひ追っかけたい。

実は私、1999年に一度、マムシさんの本は書いていたのです。『ラジオの鉄人 毒蝮三太夫』(風塵社)。幼少時代から始まり、若手俳優時代、ウルトラマンのアラシ隊員や『笑点』の座布団運びを経てラジオの世界のレジェンドとなるまでを綴ったものです。

マムシさんのホームグラウンドと言えば、昭和44年からずっと現場での中継を続けていたTBSラジオ『ミュージックプレゼント』。私も、そのTBSラジオの『永六輔の土曜ワイド』という番組に関わっていたのですが、そこにマムシさんのお弟子兼マネージャーのはぶ三太郎さんが出演していました。で、はぶさんを通して、私もマムシさんをご紹介いただいたのです。

『ラジオの鉄人』当時は、まだ還暦を過ぎたばかりだったマムシさん、毎週、月曜から金曜までの中継は、それこそ、パワフルかつエネルギッシューで、会場にやってきたお客

さん達（特に多かったのがマムシさんに「ババア」と言ってもらいたい高齢女性）を、

「ババア、まだお迎えが来ねーのか！」

とイジリ倒したと思ったら、

「あんたたちが、いまの豊かな日本を作ったんだよね」

とホロリとさせたり、そら、もう変幻自在な客いじりトーク全開でした。私は、

「こんなに客いじりが天才的な人物はいない」

と感嘆し、ぜひその半生を書かせていただきたい、と頼み込んだのです。ＴＢＳラジオつながりもあるし、ＯＫいただけるのではないか、と楽観的な気持ちもありました。

それで、すぐにＯＫが出て、何度も中継現場に足を運び、小学校時代の同級生から、ラジオのスタッフに至るまで、マムシさんゆかりの人たちにも取材をして、『ラジオの鉄人』は完成したのです。

◆マムシさんのパワーは変わっていなかった！

それから12年あまり。

すでに私はＴＢＳラジオの仕事は「卒業」し、マムシさんとお会いする機会もまったく

なくなっていました。

とともに、『ミュージックプレゼント』を聴くこともあまりなくなっていったのですね。ところが、ある時、遅めの朝食をとっている中で、フト、「そうだ、マムシさんの放送の時間だから、久しぶりにじっくり聴いてみるか」とラジオを取り出し、スイッチを入れてみました。

驚きましたね。10年以上の歳月がたっても、パワーはまるっきり衰えてない。かえって強くなってるみたい。もう70代半ばなのに。

マムシさんのトークは、野球でいうと、剛速球から変化球、チェンジアップから大暴投まで、それこそ多種多彩です。

まずやってきた場所を、「ここ一日にバス一本きり来ない」「ここはよく竜巻おきるから、そこのババアなんかすっ飛んでるよ」とイジったり、「心配すんな。オレの来た店は必ずツブれるから」とおちょくったりしながら、「何を言ってもみんなが許す」マムシ・ワールドを作ってしまう。

で、「おい、練馬大根みたいな顔しやがって」とさりげなく比喩に地元の名産を織り交ぜたり、「よ、カラオケが趣味かい。棺桶かと思った」などと、絶妙なダジャレを織り交ぜて、場の空気をあったためていきます。

時には「いつ死んでも大丈夫だぞ。オレが来て葬式賑やかにしてやるから」なんてデッドボールギリギリのボールを交えつつ、キャラクターの立ちそうなオバアチャンを見つけると、「え？　名前はキミちゃんか。オレがキミちゃんて呼ぶから、ちゃんと返せよ」なんて呼びかける。オバアチャン側が「マムちゃん」とか「マムシさん」と返しても大爆笑。うまく返せなくても大爆笑。すでに会場のみんなが、そのオバアチャンのファンになっているからです。

最後には、たとえばあるオバアチャンに、死んでしまったご主人のエピソードを語らせた末に、「じゃ、天国の亭主に、愛してる、って言ってやれよ」とマムシさんが促して、本人にいわせて〆る。これは、まだ生きてる同士の夫婦だったり、息子が母に感謝するパターンだったり、いろいろありますが、「愛してる」とか「ありがとう」という言葉は、普段はなかなか言わないだけに、俄然、会場はしみじみとした感動的な空気で包まれます。

一瞬にして、言った本人が、その場の「主役」になれるのです。

マムシさんは、一見、自分が圧倒的な「主役」のように思わせつつ、会場にやって来た一般の人たちを本当の「主役」にしてしまう。このあたりが実になんとも、うまい。

◆世の中を「元気」にしたい

　また、マムシさんの本を出したい、そう思いました。今度は、ラジオの現場に絞って、そこで放たれるマムシさんの名言集を作りたい、と。

　パワーは変わらないとしても、トークの内容はある程度変わってはいました。ご自身も「ジジイ」になっただけあって、同じ年寄に対するエールがとても増えていたのです。

「かわいいジジイ、ババアになって、陽気な人生送ろうや」

「医療費が増えると若い人間に負担がかかる。いつまでも元気で、医者を困らせるババアになんなよ」

　昔に比べて活気のなくなっている日本や地方に対する激励の言葉も多くなっていました。

「生きててよかったって日本にしようじゃねーか」

「また肩と肩がぶつかるような賑やかな街にしようや」

なんて。マムシさんの「元気ワード」を連ねて、読んでみんな元気が湧いてくるような本にしたい、狙いはそこです。

ただ、マムシさんが受けてくれるかどうかはわかりませんでした。

すでに長い間、お会いしていなかったし、私はTBSラジオとの縁も切れていました。それに「ひとり出版社」山中企画としては、せいぜい出せても初版は2千止まり。印税もほとんどありませんし、そもそも出せるかもわからない。

営業力なし、宣伝力なし。

だいたいマムシさんは「有名人」で、しかも明確な固定ファン層をもっているから、大手出版社でもいくらでも本を出せる人物なのです。

とりあえず「当たって砕けろ」で、まずはぶ三太郎さんに電話を入れました。趣旨も説明し、印税が払えるかどうかわからないことも伝えました。

数日後、返事がありました。

「OKです」

あっさりしたものです。さっそく「マムシ語録」の収集が始まったのです。

◆条件はふたつだけ

マムシさんのトークは、番組の中だけではありません。かえって、放送が終わった後の方が本番かと思うくらい。中継の現場に集まった人たちの前で最低20〜30分はおしゃべりをするのです。その分のギャラが出るわけではない、あくまで無償のファンサービス。

放送が終わると、

「さ、練習終わり。これから本番いこう」

と、またお客さんとの掛け合いを交えつつ、語り出します。

だからこそ、語録の収集は、ラジオを聴くだけではすみません。週に1〜2回は中継現場にお邪魔します。すると、

「よ！　また来たか！　仕事は進んでるか？」

と必ず声をかけていただきます。

こうして2012年の春から夏にかけて取材の後、原稿も出来て、いよいよ印刷・製本に入ろうとするころに、条件面の話です。

印税についてうかがうと、

「いいよ、いいよ。どうせ、蔵が立つほどカネ持ってるわけじゃないだろ？」

その通りです。ありがとうございます。こちらの状況を、よくわかっていただいてる。

ただ2点だけ、求められました。一つは、帯の推薦文には、マムシさんも親しい、『生きかた上手』などでも知られる医師・日野原重明先生にお願いして、ちゃんとそれなりの

謝礼は払うこと。もう一つが、誰もが買いやすいように定価を千円にすること。
もちろんその場で了解しました。
こうして２０１２年11月、『元気になる毒蝮三太夫語録』は生まれたのです。

◆『マムちゃん寄席』で完売！

書店売りもまずまずでしたが、ありがたかったのは、講演やライブで売らせていただいたことでした。

特に発売直後の11月25日、浅草公会堂の『第6回マムちゃん寄席』で販売させていただいたのは忘れられません。このイベント、ＴＢＳラジオが主催で、マムシさんは「席亭」として進行係を担当します。レギュラーゲストとして永六輔さん、それに桂文枝さんや桂歌丸さんのような大御所たちが毎回、トリを飾ります。

100冊ほど並べて、ほぼ完売。

それから2017年の第14回まで、毎回、『マムちゃん寄席』は、売りに行かせてもらいました。さすがに同じ本なので、最後の頃は数冊しか売れなかったりしましたが、並べさせてもらえるだけでもありがたい。

他にも、「ここで講演やるから、売りに来れば」と何度も声をかけていただき、多い時には数十冊単位で売れたのです。印税もお支払いしていないのに、そこまでやっていただき、恐縮至極。天使みたい。いかつい顔の天使！

何か恩返しができないものかと思っていたら、ある時、代表的な大手出版社のひとつ・講談社の方から、

「『毒蝮三太夫語録』を読みました。ウチでもマムシさんの本を出したいので、ぜひ手伝ってほしい」

と申し出が来たのです。そこで出来た本が『毒蝮流！ ことばで介護』（講談社＋α新書）でした。マムシさんも、山中企画で出した本がキッカケで講談社で出たのを、

「草野球でプレイしてたら、メジャーから声がかかった」

とお喜びでした。

これ、恩返しっていえますかね？

◆「バカ映画の巨匠」河崎実さん

2013年になって、まず取りかかったのが、映画監督・河崎実さんの本です。

映画監督といっても、そんじょそこらの監督とはまったく違う、ユニークな軌跡を歩んできた人物です。

経歴を簡単に紹介しましょう。

1958年の東京生まれで、高級フグ料理屋のボンボン。子供時代から『ウルトラマン』シリーズにドハマリして、「ウルトラ怪獣のソフビは、日本一持っていた」と豪語するくらい。

その志向が大学時代になるとさらにこうじて、円谷プロからウルトラセブンのぬいぐるみを借り、8ミリで『√ウルトラセブン　放浪の果てに…』なんて映画を作ってしまう。

なんと、わざわざナレーションに『ウルトラQ』でもナレをつとめた石坂浩二に直接会って、「やってください」と頼んだというのだから、なかなかの行動派。

ちなみに、学生時代にもう一本作った特撮8ミリ映画『フウト』は、放射能の影響ですき焼きの具が巨大化、怪獣化して豆腐が大怪獣「フウト」として大暴れする話。最後は甲子園球場に砂糖と醤油をばらまいて焼く「スキヤキ作戦」で退治されます。

もう、そこまで書いただけで、河崎さんが普通の監督とは違うのは、よくわかりますね。

プロの監督としてデビューしたのは、アイドルっぽい女の子が地球防衛隊の隊員となって地球を救う『地球防衛少女イコちゃん』。

そのちょっとあとに最も大ヒットとなったビデオ作品が『飛び出せ！　全裸学園』。野球部のエースが決勝直前でケガをし、そのエースに「オレのために一肌脱いでくれ」と言われた女子高生が、全裸でマウンドに立ち、快刀乱麻のピッチングをするお話。

以後、イカがレスラーとなってリングに登場する『いかレスラー』、カニがサッカーのゴールキーパーになる『かにゴールキーパー』や、カツラをかぶった刑事が犯人逮捕の際に、そのカツラを投げてつかまえる『ヅラ刑事』をはじめ数々の作品を世に送り出しています。

人呼んで、「バカ映画の巨匠」。「クダラねー」ものをとことん追求する「異端の」映画監督なのです。

一応、筒井康隆原作の『日本以外全部沈没』は東京スポーツ映画大賞特別作品賞を受賞していますが、これも、総理大臣が突然、踊り出したり、「河崎テースト」たっぷりのものなのです。

キャッチフレーズは、「どこに出しても恥ずかしい監督」。

この経歴を読むだけで、私は嬉しくなってしまいます。様々な賞を総なめにした芸術派監督とか、メガヒットを連発する大物監督とか、そういうのは、私自身もあんまり興味がない。

なんか、業界の端っこで、ガチャガチャとオモチャをいじって遊んでるようなその風情が、とてもカッコよく感じられるのです。

◆15年たっても変わらない

私が河崎さんと知り合ったのは、1995年前後です。たぶん『飛び出せ! 全裸学園』を作ったあたりでしょう。

前にも登場いただいた小野太久一郎さんの会社「風塵社」は、さながら本郷近辺の中小出版社の「集会所」のような趣で、夜になると必ず何人か集まって酒盛りをやっていました。私は、『関根勤は天才なのだ』という本を風塵社から出したのがキッカケで、そこに通うようになり、河崎さんもまた『タイガーマスクに土下座しろ!』という著書を風塵社で出していたのもあって、「集会所」によく顔を出していたのです。

正直、当時、私は河崎さんは苦手なタイプでした。

「石坂浩二にナレーション頼んじゃってさ」

「森田健作とは、もう兄弟みたいな仲だから」

とやたらと有名人との付き合いを吹聴する上に、

「『スター・ウォーズ』のルーカスくらい、簡単に超えるから」

とフカしまくる。そしてウルトラマンやセブンを語り出すと、話が止まらない。要するに、目立ちたがり屋のホラ吹きだろう、と勝手にこちらが判断していたんですね。

ただ明るくて賑やかで、河崎さんが飲み会に参加すると、一気に部屋の照明が明るくなったように錯覚するのは、否定できませんでした。


で、しばらくあまり会う機会もなく、２０１０年代になって、久しぶりに顔を合わせました。

驚きましたね。15年ぶりくらいで会っても、まるっきり変わってない。相変わらずフカしまくりです。でも、その頃には『いかレスラー』『ヅラ刑事』『日本以外全部沈没』などがちゃんと話題になっていて、「バカ映画の巨匠」として、一部ファンには熱狂的に崇拝されてもいました。フカしに、妙な説得力が出ていたのです。

ここで改めて気付きました。あ、この人はブレてないんだ、と。「自分は、こんなオモチャでこんな遊びをしたい」ってことが明確にあって、それがウルトラシリーズにハマった昔からまったく変わってない。だから、有名人の名前を出したり、ルーカスだと言ってみたりするのも、決していやらしい自慢話ってわけではない。熱中しているオモチャや遊びの説明をしているようなもので、彼からしたら、ごく自然な発言だったのです。

結局、そこそこ金持ちの家の一人っ子に生まれて、スクスクと育って自分のやりたいことをやり続けた、おおらかで陽気な「いいヤツ」だったのです。

◆ヴェネチアでもフカしまくる

河崎さんの話を聞いていけばいくほど、彼の本を作りたくなっていきました。2008年の、ヴェネチア映画祭に招待された時のエピソードなどはなかなかソソられます。招待作品は、『ギララの逆襲　洞爺湖サミット危機一発』。あまり似てない世界各国首脳のソックリさんを登場させて、怪獣・ギララに大暴れさせる、これまた定番の「河崎ワールド」です。それが、なんかの拍子で、ヴェネチア映画祭のミッドナイト部門招待作品になってしまった。しかも最後まで招待枠を争ったのが、あのアカデミー賞取った『おくりびと』。[死]の話より怪獣が暴れる方が賑やかでいいだろう、と映画祭のディレクターは判断したのかも。

しかも『ギララ』には大きなセールスポイントがあったのですね。それはヨーロッパでも巨匠として認められていたビートたけしこと、北野武さんが、ほんのちょっとだけ友情出演していたのです。イタリアでは、『風雲！　たけし城』も人気を集めていて、たけしさんの知名度は抜群。

おかげで、そのたけしも出演している映画の監督、とあって、イタリアのマスコミは勝手に河崎さんを「大物監督」と思い込んだらしい。サイン攻め、記念写真攻めですっかり調子に乗った河崎さん、言葉がよく解らないのをいいことに、

「私はサムライスピリッツで映画を作ってる」

「ブルース・リーは神だが、私も神だ」

とか、目いっぱいフカしまくって、最後は、

「次回作はミシマの作品でいく」

と断言したとか。イタリアでも三島由紀夫は「ハラキリ作家」として有名なので、マスコミの面々、「三島を扱うとは、やはり相当エラい監督なんだ」、とさらに尊敬の顔。

ところがここだけは決してフカしではなく、河崎さんは本当に、宇宙人が登場する三島作品『美しい星』を映画化したかったのだそうです。

やがて、日本に戻り、正式に三島由紀夫の関係者に映画化を申し込んだら、あっさり拒否。相手にこう言われたとか。

「あなたには、やらせません。あなたはふざけてるから」

ちなみに、この『美しい星』は、2017年、おそらく河崎さんほどふざけてはいないであろう監督のもとで、映画化、公開されています。

◆出版パーティーの準備に夢中になって

まあ、河崎さんの撮影の話を聞いていると、普通の映画関係者なら、「もっとまじめにやれ」と怒りたくなる話が満載です。

何より、本番はほぼテイクワンで、撮り直しなし。少々セリフをトチったりしてもお構いなし。俳優の中には、自分の演技に納得できずに「もう一回お願いします」と言ってくる人もいるが、「監督のオレがいいっていってんだから、いいの」とさらりと流す。

河崎さんにとっては、キャスティングで映画の90%は決まり、現場はその確認作業なのだそうです。

「大物俳優」をわざわざオファーして、思い切りバカなことをやってもらうのも河崎さんの得意技です。たとえば親子の猫がラーメン対決をする設定の映画『猫ラーメン大将』に、その息子側にラーメンの神髄を教えるオヤジ役として黒沢年雄さんをオファー。彼のヒット曲『時には娼婦のように』の替え歌『時には醤油のように』を、ご本人にうたってもらったり。「時には醤油のように　普通の味でお食べよ」なんて歌詞を、ご本人はごく真面目にうたってくれて、河崎さん、「してやったり」だったとか。

ここまでくると、ほとんどガキのいたずら。

こんなエピソードが次々に出てくる河崎さんの取材は、めっぽう楽しいものです。

本のタイトルも決まりました。河崎さんの爆笑痛快な人生を振り返る『河崎実監督の絶対やせる爆笑痛快人生読本』。「絶対やせる」には、特に深い意味はありません。河崎さん、

「やせる、って入れた方が本売れるんじゃないの？　ダイエット本っぽくて」

つまり単なる思い付きです。

河崎実監督の
絶対やせる
爆笑痛快人生読本
河崎 実
Minoru Kawasaki
「いかレスラー」「ヅラ刑事」
「日本以外全部沈没」
「地球防衛少女イコちゃん」を生んだ
"どこに出しても恥ずかしい監督"の
奇跡の爆笑人生の秘密が満載！

ただ、本づくりをしている最中に、もし本が出来上がったら、出来るだけデカい会場で

出版記念パーティーをやろう、と互いに言い出したところから、少しずつ脱線が始まっていきます。

「ホテルがいいかな」「いや、ホテルは高いし、もっと出版パーティーに相応しい場所がいいだろう」

なんて話しているうちに、次第に気持ちは盛り上がって行って、本の発売を記念するためにパーティーを開くのか、パーティーが開きたくて本を出すのかわかんないような状態になっていったのです。

「オレが呼べば、出席者300人はカタい」

またいつものフカしかと思いきや、実際に出席者してくれそうな名簿をみせてもらったら、まんざら、夢物語でもありません。当然、出席者には引き出物で本を贈り、その分の代金はもらうつもりなので、300人来れば300冊売れたのと同じ。これは大きいです。

すぐに出版パーティーに相応しくて300人以上収容できそうな会場を捜します。

決めたのは東京神田の学士会館でした。旧帝国大学の人たちが利用するために作られた由緒正しき場所で、格式としたら最高。300人大丈夫の大きな部屋もあります。料金は多少高いのですが、本当に目論見通りの出席者が集まれば、どうにか本代を差し引いても赤字にはなりません。

案内状を作って、宛て名をラベリングして、ハガキで出欠の返事が戻ってきたら名簿でチェックして、などをやっていったら、もう頭はパーティーに向いてしまいます。

とはいえその当日までに本が出来てなければシャレになりません。最後は、パーティーの日どりをみながら、その数日前には印刷・製本がすべて完了するように、スケジュールを進めていきました。

◆第二弾も発売したが・・・

その日は2013年6月8日。

名付けて「河崎実生誕五十五周年記念　出版ほか祝賀パーティー」

生誕55周年といっても、本当の誕生日は8月なので、いわばこじつけ。要は、出来上がった本のお披露目パーティーです。

大したものでした。「300人は大丈夫」はフカしではなかった。なんと出席者は350人くらい。しかも『仮面ライダー』初代の藤岡弘、さん、『ウルトラセブン』の森次晃嗣さんをはじめ、特撮物のレジェンドがズラリ。『ヅラ刑事』のモト冬樹さんなどの顔もあって、芸能人も多数。その広範な人脈に、改めて感心しきり。

まさにパーティーは大盛況でした。

この勢いにつられて、また2年後の2015年に出したのが、『私はいかにして30年、一度も自腹を切らずに『電エース』を作り続けられたのか』。

河崎さんの、いわばライフワークとして、さわやか青年・電一(でんはじめ)が、ビールを飲んだり、女の子と接触したりして気持ちよくなると、身長2千メートルの「電エース」に変身して悪い怪獣をやっつける、そんな単純なストーリーの『電エース』シリーズが、とっかえひっかえ30年も続いていたのです。製作費はスポンサーが出してくれた時もあれば、知り合いが出資してくれた時もある。

2010年代に入ったら、「クラウドファンディング」でおカネを集めて、出資者に電一の兄弟の「電十五郎」とか「電二十郎」とか役名を付けて、『電エース』に出演してもらったりもする。

2015年には、『電エース下関』と題して下関ロケを敢行し、下関市から予算をもらったりもしているのです。

劇場公開したものもあれば、ビデオだけもある。電エースも怪獣も、着ぐるみは使い回しでスタッフの費用も徹底して安く抑えるため、制作費が500万円でも10万円でも、黒字になるようにする。

河崎さんだけでなく、クラウドファンディングに応じた河崎映画マニアの皆さんにも取材して、最初から最後まで「電エース」にこだわった本は出来上がりました。

出版パーティーはまた大盛況。そのあとに何度か開いたトークショーも大盛況。

しかし、困った現象が起きたのです。どこも、来る顔ぶれがほぼ同じ。一定数の「ディープ」なマニアに支えられているものの、「ライト」な、「そんなに夢中になって追わないが、気が向いたら河崎映画を見たり、本を買ったりする」層があまりいないのですね。

河崎実
私はいかにして30年、一度も自腹を切らずに「電エース」を作り続けられたのか
『いかレスラー』『日本以外全部沈没』
『地球防衛未亡人』など
バカ映画の巨匠の
インタビュー掲載！

そのため、本の売れ行きも、マニアに一通りわたったら、そこでほぼ止まる。制作費を割り込むようなマイナスにはならないものの、大きなプラスにはなかなかなりませんでした。

作ってて楽しかったし、パーティーも盛り上がったし、ま、それでいいか、ってところです。

ひとり出版社の作り方③　印刷・製本、デザイン、流通などの流れ

何度もいいますように、「ひとり出版社」とはいえ、なにからなにまでひとりでは本は作れません。そこで改めて、私自身はどんな流れで外部の方に仕事を委託しているのかについて触れておきましょう。

まず著者と共に、あるいは私が著者として原稿を作り、写真、図表などのデータを揃えます。それをもとに、中のページのレイアウトを依頼し、表紙カバーなどのデザインもお願いします。

同じ方に両方やってもらう場合もあれば、別々にお願いする時もあります。著者が、「この人にデザインしてほしい」と注文してくるケースもあります。

私の場合は、前にも登場した小野さんに全体を頼む場合もあれば、知り合いの編集プロダクションにレイアウトを発注して、表紙デザインはまた別の知り合いに頼む、なんてこともあります。この段階で、誤字脱字の訂正を含めた校正は一通りやっておきます。

予算としては、なんとかレイアウト7万円以内でカバーデザイン3万円以内として、トータルで10万円以内でおさめたい。その額を話したら、あるデザイナーさんに、「バカにす

るな！」と怒られた経験もあります。しかし大手出版社のように数十万も出せません。好意で、安くやってもらえる相手を捜し続けるしかありません。

印刷・製本は、ここ数年はずっと「モリモト印刷」という会社にお願いしています。こんなちっぽけなひとり出版社まで、わざわざ営業に来てくれたのが付き合いのキッカケです。他にそんな会社はありませんでした。

デザイン、レイアウトが済んだデータをメールで送ると、まず翌日くらいに「試し刷り」の原稿が返ってきます。ここで最終的なチェックをして改めて入稿すると、2週間くらいで印刷・製本の作業が終わり、本が出来上がってきます。

千部から千5百部くらい、ページ数が200前後として、どうにか印刷・製本代は税込み30万円以内くらいには済ませたいところです。しかし、これがなかなか難しい。

費用面で行くと、そこに取材費、交通費などが加わります。これはもう、本によって、ぜんぜん違う。取材先は近隣、使うのは交通費だけで数万以内でおさまることもあれば、地方に泊りがけでいかないといけなかったり、取材相手に謝礼を支払わなくてはいけなかったりで、合わせて何十万もかかることもあります。

とりあえず平均して10万円くらいかかると考えると、一冊作るのに50万円くらいはどうしてもかかってしまいます。

その上、印税を払う本もあります。とても宣伝費などにはおカネは回せない。

私としては、まずどうやって最低、制作費を回収するかにこだわらざるを得ないのです。

本は、ただ作っただけでは書店にも並ばないし、ネット通販でも売れません。知り合いに配るだけ、あるいはイベントなどでの直販だけ、と割り切るなら別に流通を通す必要もありませんし、現にコミックマーケットなどでは、そういう本がたくさん売れています。

一応、書店にも配本したい、となったら、まず最も一般的な方法は日販、トーハンなどの「取次会社」と直接取引をして、本を流してもらうことです。出版社は取次会社から「取次コード」を受け取り、その口座を通して取引を続けていくのです。多くの出版社は、この手法をとっています。

ですが、新たに出版社を興してコード取得を申請しても、取次会社が承認しなければなりません。これがとても難しい。明快な基準は示されていませんが、年間最低でも数千部を刷る予定の本が5〜6冊は出す予定があり、返本や急な注文などの受け入れ態勢も整っているのは必須でしょう。

年間5〜6冊は出せるとしても、一冊千部か千5百部、従業員ゼロで受け入れ態勢も万全ではない山中企画は、ハナから通る見込みなし、と諦めていました。

それに、果たして「ひとり出版社」にとって取次コードの取得は、それほどメリットがあるのかもわかりません。

今や、書籍流通に関していえば、取次会社を通した書店販売に比べ、アマゾンなどのネット通販の比率が飛躍的に高くなっています。だから、取次を通さずに直接、ネット通販だけで流通する本、というのも増えてきている。それにネット通販会社自体が、取次を通さずに書店に本を卸す流れも出てきているのです。

しかも、私のような、無名の「ひとり出版社」の場合、全売り上げの半分以上は、著者自身の開くパーティー、講演会、ライブなどでの「手売り販売」です。

そんなに取次会社に頼る比率は高くない。

ただ、やはり取次を通して本を流すのも欠かせないため、私も星雲社という「流通代行責任会社」とはずっと取引しております。

一冊につき数%という一定の手数料を払えば、作った本を書店やネット通販に流してくれるのです。しかも取次や書店との折衝もすべて代行してくれます。つまり、細かい「面倒」なことをやらなくても済むわけです。

これで私が千部の本を出すとしたら、たとえばそのうち半分は星雲社を通して流通に流してもらい、４００冊は著者のライブや講演で売り、残り１００冊はマスコミなどへの献本、ないし、私自身の知り合い関係やこちらに直接来る注文への対応に使う、と計画を立てられます。

こうした流通代行の会社はいくつかあります。星雲社の場合ですと、たとえ「ひとり出版社」でも会社登記をしていることと、一冊だけでなく何冊か出版予定があることが登録のための必須要件になりますが、さほどハードルは高くありません。

近年は、こうしたシステムだけでなく、「トランスビュー」のように、取次を通さずに、直接、書店などとの取引を代行してくれる会社も出てきました。

取次会社では、どの本はどの書店に合うか、などはそうきめ細かい分析をせずに、全国の書店に配本していきます。そのため、書店側は「ウチではこれは売れない」と店頭に並べもせずに、そのまま返本になるケースも出てきます。

書店側と直接の取引なら、手間がかかる代わりに、適材適所、需要のありそうな書店に本を提供できるメリットがあります。明確に読者層が見えるような本ならば、こちらのシステムの方がいいかもしれません。

電子書籍ならば、そもそも取次会社の必要性すらなくなってしまうわけで、これから出版流通の世界も、どんどん変化していくでしょう。

あまり流通にはこだわらず、まずは本づくりを楽しむ、それでいいのかもしれません。

第４章　起業家の方々

◆ファインドスターの内藤社長

２０１４年になって、田中保郎先生を紹介していただいた健康食品会社オーナー・渡辺鉄夫さんが、また、新たな「著者」を紹介してくれました。

ファインドスターという広告代理店の社長・内藤真一郎さんです。

「自分の手で新たなベンチャー企業を１００社作るって張り切ってる人だから、話を聞くのもおもしろいんじゃないか」

と渡辺さん。

ただし、すでに一冊、ダイヤモンド社から著書を出してるとか。

さすがに私でもダイヤモンド社といえばビジネス書系出版社の中でもずば抜けた大手の一つなのは知っています。そういうところで一度は出した人が、何もわざわざ無名の「ひとり出版社」山中企画で出すこともないだろうに、とまず感じました。

「この人とやるのはイヤ」と判断されるかもしれないが、まず会うだけは会ってみようとうかがったのが、神田三崎町にあるファインドスターのオフィスです。

ＪＲ水道橋駅のすぐそば。

大きなビルのワンフロアーを占めるオフィス内では、100人近いと思われる人たちが忙しく働いていて、しかも皆さん、若い。

ミーティングスペースにやってきた内藤さんは、さすがにベンチャー企業を100社作ると言い切るだけあって、エネルギッシュな空気が全身から伝わってくるような方でした。それでいて、まったくエラそうではない。

叩き上げの社長さんといえば、けっこう「お山の大将系」の、胸を張り過ぎて天井向いてるような方がありがちですが、その要素は微塵もない。

「人口減少に向かう日本にとって、新しい市場を作ることは急務で、そのためにはたくさんの起業家が出てこなくてはいけません」

そんな話を、まるで学校の先輩が後輩に解き明かすように語るのです。しかも、こちらが無名の「ひとり出版社」だからと、軽く見るということもない。慇懃《いんぎん》だけど無礼ではないのです。

あ、この人はいい人だ、直感して、すぐに本づくりもスタートとなりました。

◆200人の起業家を育てる！

内藤さんは、まず1991年リクルート人材センター（その後、リクルートキャリア）に入社して、96年に起業。当初は会社やホテルの電話機でインターネット接続が出来る通信アダプター「ラインチェンジャー」の販売やHP制作などで会社を軌道に乗せたのですが、やはり興味深かったのが、「ニッチメディア」への進出でした。

発想と行動力が一般人とは違うんですね。

「クレジットカードの請求書に、広告を同封したら、広告効果が上がるんじゃゃないか」と聞いたら、「それイケる！」とさっそく具体化してしまったのです。すぐに石油会社の請求書の中に結婚相談所の広告を入れてみたら、すごい反響があったとか。

テレビや新聞、雑誌ではない、独自の「ニッチメディア」に注目して、それを最大限に利用する手法で、いっぺんに会社を大きくして行ったのです。請求書によって「同封広告」の強さを知った後、「同封広告ドットコム」というWEBサイトを作って、情報の集積所にしていったり。で、追随する会社が出てくれば、さらに「富裕層向け」「主婦向け」「シニア向け」とどんどん広げていき、扱う媒体も同封広告のみならず「ダイレクトメール」

や「ポスティング」など、次々とサイトを立ち上げて行ったのでした。

会社を拡大していくとともに、内藤さんが常に公言していたのが、

「いずれグループ会社を100社作り、200人の起業家を育てる」

内藤さんにとって、「起業家」ほど面白い職業はないのに、日本では起業家を志す若者が少なすぎる。これは人口減時代を迎える日本にとってもよくないし、若い人たちの生き方も狭くなってしまう。それで自分の手で、起業家をたくさん生み出そうとしているわけです。


そのために会社内で新規事業コンテストを開き、イケそうなアイデアには会社が出資や貸し付けをして、新しい企業として育つまでフォローしていこう、とまで考えていました。だから出す本も『世界で一番起業家とベンチャー企業を創出する。』

内藤さんだけでなく、2014年当時、すでにグループ企業として起業していた6社の社長さんたちにもインタビューさせていただきました。

さらに私は、その内藤さんのオフィスで、次なる「起業家」青木ヨースケさんと出会うのです。

◆原宿を拠点にする、オシャレじゃない人・青木さん

内藤さんから、青木さんを紹介いただだいた場所は、内藤さんのオフィスの会議室でした。とにかく普通の起業家とはまったく発想が違う面白い人物だから、と言われたので、どれほど違うのか、またムクムクと興味が沸いてきたのです。

お会いしてみて、すぐに聞いた話の中で、こんなエピソードが特に印象に残りました。かつて、六本木ヒルズで、起業した人間ばかりが200人ほど集まる勉強会が月一回、開かれていて、よく通っていたそうです。確かに勉強にもなったし、いい友人も出来たらしいのですが、とてもイヤだったのが、有名講師を呼んでの講演後の名刺交換だったとか。だいたいはソフトバンクの孫正義のようなVIPがやってきたとかで、出席者はその名刺が欲しくて長蛇の列ができる。その中で「こんな列に並ぶのもバカバカしい」ととっとと帰ったのが青木さんだったとか。

あ、この人とは気が合いそうだ、とすぐに感じました。

起業家でも、たぶん孫さんと名刺交換したり握手したりして喜ぶタイプは、「無名のひとり出版社」山中企画で本を出してみよう、なんて思わない。たとえ何百万払っても大手のブランドを求めます。

こういう、アマノジャクでヘンな人が、私の「守備範囲」でもあるのです。

さっそく「青木さんの今までの人生を振り返る本を出したい」と申し出たら快諾していただき、青木さんの経営する原宿のカフェでインタビューが始まりました。

このカフェ、裏原宿のど真ん中、ともいえる場所にあって、一階は、やはり青木さんの経営する雑貨屋さんで、二階がカフェと、奥に会社の事務所。やって来るお客さんは、10代から20代の、それもメインは女の子。私が行くと、完全に「場違い」で、浮きます。

青木さん、原宿ばかりではなく、全国各地に、多い時で30店舗以上のアパレルの店や雑貨店をやっていた「実業家」となると、いかにもファッショナブルな、流行のブランドでキメてるような人物を想像しがちですが、実態は、健康オタクで、移動もなるべくなら自転車、といった、やや地味目のオッサンです。

「おカネは確かに大切。でも、卑屈には追いかけない。おカネがある時もない時も、同じように振る舞う。これが僕の信条なんです」

こんな話から、青木さんは、ご自身の人生や信条を語り始めました。

◆人生をナメるのだ！

ビジネスを立ち上げて、成功まで持っていく人の半生は、皆さん、だいたいドラマチックです。ただ、猪突猛進というか、いずれビッグになってやる、と目標を心に決めて現実と立ち向かう、上昇志向系の生き方が多い。

青木さんは、あまりそういう感じではありませんでした。「成り行き型」というんでしょうか、目の前の楽しそうなことに手を出していったら、気が付くと会社をいくつも経営している状態になっていたような。

もとのキッカケは、ピースボートに乗って行ったアジア旅行。ベトナムでうっかり新品カメラなどの貴重品を盗まれて途方に暮れていたところ、知り合いから「日本ではジッポーライターが人気で高値で取引されているようだ」とアドバイスされ、持ち金の残りの300ドルすべてはたいて現地でアメリカ兵の残していったジッポーを購入。それを日本のフリーマーケットで売ったらそこそこ儲かって「ビシネス」に目覚めたとか。

やがて、ゴミ置き場にある粗大ごみの中から、めぼしい品物を見つけてフリマで売ったり、再びバッグパッカーとして外国に出て、売れそうな商品を買って来たり。

おかげで、大学を出て就職した会社には3週間で退社。

フリマだけでなく、自分でも店舗を開き、雑貨やアパレルを中心に全国展開。

すべては順調に動いている最中、「魔がさした」というか、突然の落とし穴がやってきます。その始まりは、さほどの決意を持ってスタートさせたわけでもない事業が思わぬ成功をおさめて、日々、煩雑な人付き合いなどが続いて疲れてしまったこと。もうある程度カネもあるし、会社なんか手放してもいいや、と売ってしまった。ところが売却先の社長とのトラブルが原因で、やめたはずの会社の連帯保証をはずせなかったために、会社の経営悪化とともに自己破産に追い込まれたのでした。

ただし、昔から付き合いのあった仲間たちの手助けもあり、短期間であっさりと復活。

私が出会った当時も、従業員がトータルで100人以上はいる、いくつかの会社の経営に関わりバリバリ働いていていました。そんな彼の言葉の中にあった一つが、

「起業なんて、オレがやれば何でも出来る、くらいにタカをくくって、ナメてるくらいがいい。失敗しても、命までは取られることはないはずだから」

さすがに一度はスッカラカンになった人の口から出ているだけで説得力がある。

それで本のタイトルは『アメではない！　人生をナメるのだ！』になったのです。発売

は2015年5月。

ミッション系で、キリスト教の価値観を強制された、つまらなかった高校生活から、親友の死で「自分の人生もそんなに大したもんじゃない」と実感したこと、だからこそ「自分のやりたいことをやる」と決めたことなど、青木さんはごく淡々と、しかし確信をもって話し通してくれました。

◆中国・義烏に行く

青木さんとの縁は、その一冊では終わりませんでした。

「中国の義烏《イーウー》という場所に、僕が取引をしている日本人がいるんですが、その人が自分の本を作りたがってる。やりませんか？」

「いいですよ」

気楽なものです。

さっそく青木さんにくっついて、そのご当人・一氏格《いちうじいたる》さんの住む浙江省義烏に向かったのです。

まず上海空港に降り立ち、そこから時速３００キロは出る出来たばかりの新幹線に乗り込んで2時間くらい。日本で、この義烏はさほど知られていませんが、実は「世界一の雑貨マーケット街」でした。

とにかく広さがハンパじゃない。街の北部に建つ4階建ての「福田市場」だけで、営業面積が東京ビッグサイトの40倍はあって、まだ増設を続けていました。扱っている商品も家電から玩具、アクセサリー、スポーツ用品、衣類と様々あって、店舗の数も約10万店。福田市場のまわりにも家具専門とか建材専門とか、一つのジャンルを専門に扱う市場から雑貨一色のところまでいろいろな市場がある。

日本人の想像力じゃ、なかなか太刀打ちできない規模のところです。

そんな街で、15年間にわたって、現地で会社を作り、日本企業と現地企業のパイプ役を続けてきたのが一氏さんだったのです。だから当然、青木さんも、一氏さんを通して義烏の商品を日本に卸してもらったりもしていました。

昼は、一氏さんについて、青木さんと一緒にマーケットを歩き、夜は夕食を共にしながら一氏さんのお話を聞く、そんな日々が滞在中は続きました。

驚かされるのは、一氏さんの語学力。そんなに長くいるのに、ほとんど中国語がしゃべれない。取引きでは、ほぼ通訳に頼りきりで、夜の食事はカタコトの中国語で強引に押し通す。それでも商売はやっていけるんですね。

日本で韓国相手の貿易の仕事をしていて、それが行き詰って中国に活路を見出したのが58歳の時。還暦近くなって「海外起業」をしたわけですから、そのエネルギーもたいしたものです。

「中国人の価値基準はカネ。日本みたいな義理人情とか、男気とか、それは一切なし」

そんな世界で、よく15年も生きのびてきたと改めて尊敬です。5円、10円のカネでも何時間もかけて値切って来る上に、スキさえあれば不良品を混ぜて儲けを増やそうとする。

一氏さんの話は、そんな中国人に対するグチの比率が高かったですね。

気になったのは、巨大な市場を歩いても、あまり日本人と会わなかったことです。かつて、日本の100均商品の多くは、この義烏で仕入れたもので、どこも日本人だらけだったらしい。それが、私たちが行ったときは中東とかアフリカとか、国際色は豊かながら、韓国人はいても、日本人があまり見当たらない。一氏さんもはっきり、

「日本人、減ったね。国そのものにパワーがなくなった気がする」

青木さんも、

「そんな時代だからこそ、海外起業する日本人を増やしたい。一氏さんの本が、その起爆剤になればいいですね」

旅行の帰り、義烏からは買った商品も積んで、4時間ほど車を飛ばして上海空港にたどり着きました。怖かった。中国人ドライバーの運転は荒っぽくて、人をひくか、車が衝突するか、気が気じゃなかった。ずっと寝たふりして目をつぶってました。

本は2016年2月発売。本のタイトルは『日本だけが仕事場じゃない！　中高年でもできるゆったり海外起業のすすめ』と長くしました。また発売元も山中企画ではなく、青木さんが経営するアートユニオンという会社にしました。どうも海外ビジネス本が「山中企画」では馴染まないんじゃないか、との判断です。

◆広州、バンコクに行く

青木さんとは、もう一冊、2018年に出した『海外雑貨バイヤーズガイド』なる本でお付き合いいただき、それも発売元はアートユニオンになっています。

青木さんのアイデアで、

「アジア諸国で雑貨を安く買って、日本で売れば、往復の旅行代くらいは稼げるでしょう。今ならネットオークションもフリマアプリもあるし」

なんと青木さんは、中国・広州にも拠点があり、タイのバンコクと韓国・ソウルには、契約している専用のエージェントがいたのです。ですから、現地の人に手助けしてもらえば、情報集めはそう難しくはない。

しかし、いくらなんでも、まったく現地に行かずに仕事を進めるのもあまりに無責任。そこで、出張で現地に行く青木さんにくっついていって、私も広州とバンコクには行くことにしました。

やるのは、義烏の時とあまり変わりません。いくつもの市場を見て回り、どこにどんなものが置いてあるか、価格はいくらくらいか、いったいどんなものがハヤっているのか、

中国・広州の万菱広場前にて、私。

どんな順番で見て回れば効率がいいか、などをチェックしていくのです。

広州の中心部には万菱広場なる大きなビルがあり、地下1階から8階までが店舗スペースです。床面積は合わせて東京ドームくらい。またその上の階はオフィス・スペースになっていて、そこに青木さんが関わっている会社のオフィスもありました。だから、万菱広場だけ回っても用が足せてしまうくらい。もちろん他の市場も見て回りましたが。

そのときは、私と青木さんはツインの同室で3日間を過ごしました。

ほぼ呆れましたね。起きてから寝るまで、青木さん、ずっと仕事してる。

「中国はうまくラインが通じないから困る」

なんてグチりつつ、部下や取引先と連絡を取りまくってる上に、空いた時間を見計らってスマホで株の取引きをしてたりします。手ごろな不動産物件の情報から、雑貨の日本での仕入れ価格から、しょっちゅう入ってくる中で、市場回りまでしているのですから、休む暇もない。というか、休みたいとも思ってないんでしょう。「仕事中毒」。

こういう人が起業家に向いてるんだと、痛感させられた次第です。カネがほしいとかではなく、働くのが好きなんです。

私は、あんなに働くのは好きじゃない。

また、つくづく青木さんて、人間がデキた方だな、と思ったのは、私のイビキです。毎

晩、こちらがヒドいイビキをかいても、

「無呼吸症候群になってるみたいだから、健康に注意した方がいいですよ」

とアドバイスはくれるものの、「眠れない！　いい加減にしろ」とは怒らない。

こちらが恐縮してしまって、バンコクではべつべつの部屋にしてもらいました。

エラそうにしていい立場なのに、エラそうにしない人です。

バンコクでも、青木さんの「仕事中毒」ぶりは変わりませんでした。ただ、バッグパッカーの聖地・カオサンロードのカフェでゆったりビールを飲んだ時は、お互い、くつろぎましたね。というより、私は南国タイで、昼間、数時間、市場を回る以外は、ほぼくつろいでましたが。

◆『オタク稼業秘伝ノ書』

高橋信之さんの『オタク稼業秘伝ノ書』を出したのは２０１７年でした。

この高橋さん、まだ大学生のころから映画ライターをやったり、千葉のデパートで『スター・ウォーズ』公開直前にＳＦ同人誌関連のイベントを主催して大成功させたり、ろくに授業も出ないで、出版業界で動き回っていたようなタイプです。

当然、大学は中退して、すぐさま編集プロダクションを作ったら、映画『ルパン三世カリオストロの城』のアニメ画像を使ったムック本の企画を立ち上げて大儲け。同時期、連載をしていたアニメ雑誌で、「コスプレ」なんて言葉を初めて使ったのも、このヒトなんだそうです。

さらに80年代にはゲーム攻略本という「鉱脈」を見つけて、ここでも大儲け。

だが、そんな高橋さんにも、やはり落とし穴がありました。

ちょうど2000年前後にあった「株公開バブル」。ベンチャーキャピタルからカネを引っ張り出して、会社大きくして株を公開すれば、みんな大金持ち、といった風潮があったのです。「楽してカネ儲け」でしょう。

乗っかった高橋さん。

ですが、一緒に組んだアニメ制作会社がなかなかの赤字体質で、そこを買収したダメなコンサルタントたちがひっかき回して大騒動。

その余波を受けて本来、経営的に問題ないはずの自分の会社まで手放さざるを得ない状況に陥る。で、一度は「浪人」になってしまったものの、結局はまた新たに会社を興し、私が出会ったころは30人くらい従業員のいる、そこそこ大きな編集プロダクションに戻っていました。知人に頼まれて、ある児童書出版社の社長までやってたくらいです。

私が高橋さんを知ったキッカケは河崎実監督。高橋さんは若い映画監督をフォローするのが大好きで、かつて河崎さんも、一時期、高橋さんの事務所にデスクを置いていました。それで河崎さんの出版パーティーに高橋さんも顔を出していたのもあって、私も自然と顔見知りとなったわけです。

ありていに言って、この人も「仕事中毒」。いつも何か働いてないと落ち着かない。しかも、アイデアは次々出てくる。「自分は常に、50以上の本の企画を持ってる」なんて豪語してました。

マスコミ関係で、仕事を見つけている人と頼みたい人をマッチングさせるマッチング・プレイス、略して「マチプレ」なんて構想も、何十人ものマスコミ関係者集めて大々的にぶち上げたりもしました。

ただ、どうも、ブチ上げたあとに、別に面白いころがあるとそっちに行っちゃうみたいで、あまり話が先に進まない。やりたいアイデアが多すぎて、いちいちフォローできないんでしょう、いってみれば「よく働く、テキトーな人」なのです。

このテキトーさが私にとってはツボで、本人に、「ぜひ高橋さんの本を出したい」と申し出たのです。あっさりOKでした。

アニメ、ゲーム、コスプレといった「オタク産業」を軌道に乗せた人物の一人としても、十分に話を聞く価値あり、と感じたのです。

◆出版パーティーで200人集める

良かったのは、高橋さん、自分を語るのは大好きなので、取材がスイスイ進んだこと。悪かったのは、取材が終わってしまうと、ほぼ自分の本を作るのに興味がなくなってしまったこと。

実のところ、『オタク稼業秘伝ノ書』の原稿は、2015年の夏くらいにはほぼ出来上がっていたのです。ところが、こちらが原稿を送っても、いつまでたっても高橋さん側の原稿直しが返ってこない。

想像はできました。もう日々、やりたい仕事、カネになりそうな仕事、進めたいアイデアがあり、たぶんそっちで手いっぱいなのです。一方で、山中企画の、取材謝礼

や印税もなく、宣伝もほとんどしないであろう本に対して、どれだけ情熱を注げるのか、となったら、そりゃあまり力は入らない。優先順位が低い。

まさしく放置。

別にそれから会わなくなったわけではありません。高橋さんが幹事をやっている飲み会に参加して挨拶したりはする。それに、私が高橋さんの事務所に、山中企画の本のレイアウトをお願いしたりもしているので、否応なく会う。その際、「あれ、進めましょうよ」といえば、「そうだね」とは返ってくる。

ようやくやる気になったのが2017年に入ったあたりからでした。

「やっぱり、自分の半生を残しておくのもありかな」

そんな気分になったのでしょうか。もともと高橋さん、プロデュース能力は優れているのですから、動き出したら、仕事は早いし、合理的です。自分の事務所の部下にカバーデザイン、レイアウトをゆだねて、テキパキと指示も送っていきます。

完成のメドもつくとなったら、やはり、本をまとめて配れる出版パーティーです。私が何人くらい集められるかたずねると、

「200人はカタいだろう」

顔も広い人ですし、そのくらいは大丈夫かな、とさっそく私、200人以上収容可能な

秋葉原のパーティー会場を予約しました。当然、オタク稼業は秋葉原でしょう。

日時は2017年6月9日。この日までに本が出来るのは確定です。問題は出席者。

ここでまた高橋さん、案件を抱え込み過ぎて、なかなかアタマがパーティーにいかない。パーティー2～3週間前くらいでも、まだ出席の返事が100人を超えたかどうかくらいのところに低迷していました。

ヒヤヒヤしました。会場費も飲食代も200人近い人間が来る前提で予算立ててましたから。これは制作費を補てんするどころか、赤字食らうんじゃないか。

エラいというべきか、地力があるというべきか、最後の2週間、ようやくエンジンかかった高橋さんがフル回転し始めると、ちゃんと当日は200人集まったんですね。

たいしたもんだ、と脱帽するしかない。たとえ、少々テキトーでも、働き者は強いのです。

髙橋さんのパーティーには 200 人が集まった。

ひとり出版社の作り方④　広告宣伝・販売

私は、山中企画で本を出してもいい、とおっしゃる方には、まず最初にはっきり言います。

「ウチは営業力はありませんよ」

と。冗談ではなく、本当にないのです。

自分一人しかいないだけでなく、すでに年齢も60代半ばで、ＳＮＳで広く発信するといっても、なかなかスムーズにはいかない。

実際に、何度か、新刊書を置いてもらうために、書店めぐりをしたことはあります。ただ、すでに書店でスペースを確保しているような名の知られた出版社と違い、顔を出したからと言って、「じゃ、ウチに並べてみましょう」といってくれるところはほとんどありません。

結局のところ、無名で、しかも取次コードもないような「ひとり出版社」は、ターゲットを絞って動いてみるしかないのです。

たとえば、前にも出したバカ映画の巨匠・河崎実監督の本を出すとしたら、そうした「映画本」、ことに怪獣映画や低予算映画に関する本を得意とする書店に集中的に告知してみるとか、天草出身の歌手・天草二郎さんなら、天草を中心にした熊本県の書店にまずＦＡ

Xで「こんな本が出ました」とアプローチしてみるとか。

だからといって、すぐにいい結果が出せるわけではありません。

「本を置いて下さい」と委託願いの注文書を送って、一応、そこそこ注文が来て置いてもらってはみたものの、ほとんど売れずに返本で返って来た、なんてケースは何度もあります。

本の場合、基本的には返本可能の委託なので、書店に並んだからといって安心はできません。

一応、手数料を払えば、書店めぐりや、書店にFAXなどで注文書を送ってくれる「営業代行サービス」をしてくれる会社はあります。もうひと押しすれば売れる、と自信のある本なら、そこに依頼してみる手はあると思います。

結局のところ、私たちとしては、著者の「顔」に頼る部分は、どうしても多くなります。かりに千部作って、著者にそのうちの半分、ないしは3分の2まで売りさばいてもらう、なんていうのは、そう珍しくはありません。千部どころが、約2千部あまりを、その著者の人脈で売りさばいてもらった事例もあります。

やはりありがたいのは講演会やライブでの直接販売、「手売り」なのです。

その著者が話を聞かしてくれたり、演奏してくれる会場だからこそ本も売れる。この収入がなかったら、山中企画が8年間、本を出し続けるのは無理だったでしょう。

現実に、2千部刷って、著者を応援する後援会関係に半分、もう半分を書店やネット通販などの市場に流してみたら、前者は完売、後者はほとんど返本、なんて極端なケースもありました。

とはいえ、なんでもかんでも著者自身に頼るわけにも行きません。

市場で反応してもらえる本を作らなくては。

あとでも語るでしょうが、2020年3月、山中企画では、地方の、後継者もないままに廃業に追い込まれそうになった中小企業をいくつも再建した人物が書いた『中小企業再建ドクター』という本を出しました。

その際、あえてテレビ、新聞、雑誌などより前に、著者の出身地である群馬を中心とした北関東各地や東北の商工会議所連合会などに、出来た本を献本してみたのです。

それは、この本が、雑誌や新聞の書評欄に載るよりも、本当に事業承継ができなかったり、人手不足で解散するしかないような会社経営者に読んでいただいた方が、ずっと売上げ増につながると判断したからです。

まだ大きな反応はありません。

ただカネと時間をたっぷりかけた宣伝体制はもとより作れるはずもありません。ターゲットを決めて、少しでも効果の見込めそうなところにまず本を贈ってみる、いわばそんな中の成功例が、田中保郎先生の『主治医が見つかる診療所』への出演だったりするのです。どこに起爆剤がころがっているかわかりません。たとえ結果が出なくても書店の営業回りをしろ、と著者の一部からハッパをかけられたりしたこともあるものの、どうも、そのやり方がそんなに効果的とも思えない。

試行錯誤は続きます。

本づくりは楽しいですが、この本の販売は「楽」よりも「苦」の方が多いかもしれません。

第5章　演歌とGS

◆お世話になった川岸さん

私が、若いころから、ほぼ音楽とは縁がなかった話は、序章でも触れました。

興味はもっぱら相撲。あと、子供のころは毎週、『大正テレビ寄席』や『てなもんや三度笠』『シャボン玉ホリデー』は欠かさず見ていた関係で、「お笑い」は好きでした。

しかし歌番組は、せいぜい大晦日の『紅白歌合戦』を見るくらいでしたし、レコードが百万枚売れたような大ヒット曲はさすがに知っていたとしても、同世代の人たちが夢中になったフォークもGS（グループサウンズ）も、正直、関心の外でした。

それがまさか、山中企画で年に最低でも1冊は音楽関連本を出すようになるとは、まったく予想すらしてなかったです。人生、何が起きるかわからない。

山中企画をはじめて、まず最初に出した音楽関連本が演歌歌手・天草二郎さんの『天草（ふるさと）に恩返し、そして師匠に恩返し』でした。２０１４年のことです。

私は長く、コント55号や関根勤さん、小堺一機さんが所属していることで知られる浅井企画にお世話になっておりましたが、中でも最もお世話になったのが、当時、専務で、いわば浅井良二社長に続くナンバーツーの川岸咨鴻《ことひろ》さん。

この川岸さん、浅井企画に来る前は、なんとあの「昭和の歌姫」藤圭子さんのマネージャーをつとめていた方なのです。だから、演歌を中心にした音楽業界にはやたらと顔が広く、以前、私が川岸さんにくっ付いてＮＨＫの『歌謡コンサート』という番組の楽屋にうかがったら、来ていたベテラン歌手やマネージャーのほとんどが顔見知り。

あの北島三郎さんの楽屋を訪ねたら、

「お前、まだ野球やってるか」

と声をかけられたりしていました。かつて、高校野球の選手だった川岸さんは、芸能マネージャーになってから、北島さんの草野球チームにもいたことがあるそうです。

群馬の桐生高校野球部出身で、自慢は当時、早実にいた王貞治と対戦したこと。「対戦」ていうから、公式戦で、打者としてピッチャー王のボールを打ったのかと思いきや、あとで確かめると、川岸さんは代打で出て、その時、王選手はピッチャーではなく、一塁の守備についていたとか。しかも公式戦ではなく練習試合。

とにかく川岸さんは、高校卒業後、バンドマンとしてトランペットを吹き、マネージャーに転じて、まず歌手を育て、それから浅井企画でお笑いタレントを育てた方なのです。

その川岸さん経由で、すでにライターとしては数冊、演歌関係の仕事はいただいていました。

しかし山中企画として受けるのははじめて。

「クラウンに、船村徹先生の弟子で、異常に礼儀正しい、真面目なヤツがいるんだ。なかなかデビューできないのに、ずっと10年も内弟子やってな。その彼が今年でデビュー10周年で新曲も出すから、一緒に本でも出して盛り上げたらどうかと思ったんだ」

川岸さんの話なら、いやもおうもありません。知り合ってから30年以上、幾度となく仕事を紹介していただき、ずっと世話になっていたのですから。

ただ、天草四郎ならともかく、「天草二郎」さんはよく知らなかった。

◆天草二郎さんとともに天草へ

さっそくご本人にお会いしてみたら、聞いていた以上に「礼儀正しい」。どんな相手にも初対面では、まず背筋を伸ばした上で、深々とお辞儀をするようなタイプ。

その後しばらく、何度も一緒に飲む機会があったのですが、こちらが水割りを飲んでいて、もう酒がなくなっていると、さりげなくコップを取って、水割りを作ってくれたりします。またその動きが、自然で無駄がないのですね。

おそらく師匠の船村先生のもとで、みっちりと鍛えられたのでしょう。

正直、私も天草さんも、酒は好きなもので、取材中は、まず2～3時間、話を聞いて、そのあとは一杯、が定番でありました。

2014年1月には、天草二郎さんの故郷・熊本の天草にも行っています。何しろ、天草さんのデビュー曲は『天草かたぎ』で、2枚目が『天草純情』。天草さんの本を出すとなると、この故郷に行かなきゃしょうがない。

熊本空港には、わざわざ故郷に戻っていた天草さんが車で迎えに来てくださって、不知火海と有明海を横に見ながら天草に入ります。とにかく橋が多い。九州と天草を結ぶので知られる「天草五橋」は、いちいち車を降りて、写真撮影です。これは天草さんご本人のたっての希望で、本の中にカラーで橋や島の名所の写真を載せることになっていたからです。

南の端にある牛深大橋にまで足をのばしました。

天草はキリシタンの多かった場所としても知られていて、崎津天主堂や大江天主堂などの教会もあり、天草キリシタン館には「四郎さん」の方の銅像も建っています。

「二郎さん」ゆかりの皆さん、ご両親や小中学校、天草工業時代の仲間や先生などにも、少年時代の彼の話をたっぷり聞かされました。

最初に覚えた歌が田端義夫の『かえり船』、高校の生徒会長選に出た時にみんなの前で歌ったのが北島三郎の『与作』。根っからの演歌好きです。昭和46年生まれで、まわりのコがピンク・レディーとかで騒いでいたころに『かえり船』ですから、相当変わりモノの少年だったのでしょう。

地元の皆さんには、目いっぱいの歓待をしていただきました。もちろん海の幸も満載ながら、なぜかメイン料理は、イノシシ鍋。実際に地元でとれたイノシシの肉を薄く切って、シャブシャブのようにいただくのです。これが、掛け値なしにウマい。豚と比べても歯ごたえがあって、しかも味が深い。当然、酒は地元産の焼酎です。

みんな口々に、

「天草二郎を、頼みますよ」

「紅白に出るようになってもらわんと」

一生懸命、天草さんを応援しているパワーがひしひし伝わってきます。やはり故郷の人達はありがたい。

◆礼儀正しい「うーばんぎゃが」

地元方言で「うーばんぎゃが」という言葉があるそうです。無鉄砲というか、見境ないというか。天草さんもまさにその「うーばんぎゃが」な性格で、高校を出てつとめていた会社を辞め、尊敬する船村先生のもとに飛び込んでいったとか。

とはいえ、約10年の間、いつデビューできるのかもわからないまま、船村先生の住む栃木県今市市（今は日光市）のご自宅に同居し、内弟子生活を続けるというのは並大抵の根性ではないでしょう。おそらく「歌はテクニックではなく、心でうたう」のが信条の先生が、「いつまで強い心をもって辛抱出来るか」をずっと見続けていたのだと思います。

現に、ほぼ同期で入って三カ月でやめた人もいたとか。

ですから、ようやくデビューが決まった時の喜びも、並大抵のものではなかったはずです。

本名は濱崎龍司。私から見たら、これでも「海の男」みたいで十分にカッコよく感じますが、船村先生のお弟子さんの中には、すでに北島三郎さんと鳥羽一郎さんがいる。ちょうど「二郎」は空いているからそれがいいし、鳥羽さんも鳥羽出身なのだから、天草出身なら「天草」だ、となって、「天草二郎」が誕生したそうです。

2005年5月、地元・天草で開かれたデビュー発表会に集まったのはなんと700人。

「ホントに故郷の皆さんはありがたい」

と、その話になると、思い出しつつ、涙ぐみそうになる天草さん。

そして、今度の本のタイトルですが、天草さんご自身は、まず「恩返し」という言葉をぜひ入れたい、と申し出てきました。自分は故郷に、さらに師匠にお世話になって、内弟子として10年、デビューして10年を走り続けてきた。その御恩はなかなか返せないけれども、いつかはお返しする決意を本の中に込めたいというのです。

さっそく決まったのが『天草（ふるさと）に恩返し　そして師匠に恩返し』でした。

２０１４年、４枚目のＣＤ『一徹』発売に合わせて、本も発売しました。両方を合わせた発表パーティーは、地元・天草、東京、大阪と開かれ、それぞれに４００人以上の人達が駆け付けたのでした。

愛されているのですよ。

◆目が見えない演歌歌手

続く2015年には、福島県出身の女性歌手・紅晴美さんの本も作りました。ただ、この時の話は第七章の「女性の著者たち」に詳しく書きましょう。

となると、次は2017年の『目が見えない演歌歌手』になります。

これもまた川岸さんから「ぜひ本にするといい歌手がいるから」と、まさに目が見えない演歌歌手・清水博正さんを紹介されたのです。

早産で未熟児網膜症にかかってしまったために、生まれつきの全盲だった清水さん。なぜか子供のころから演歌が大好きで、おじいさんと一緒に温泉や福祉センターめぐりをしているうちに、みんなの前で歌を披露するようになりました。

またその歌が評判を呼び、ファンまで生まれて、その中の誰かが『NHKのど自慢』に勝手に応募までしてしまったのです。意を決して出演。するとまず地元の大会で優勝して、2007年、年一回のグランドチャンピオン大会へ。そこでもまた優勝。

しかしまだ高校生だった清水さんはプロ歌手への道を踏み出すつもりはありませんでした。その背中を押したのが、『天城越え』などで知られる作曲家・弦哲也さんでした。

「清水くんのコブシには日本伝統の浪曲や民謡だけではないプラスアルファがある」とその声にほれ込み、わざわざ自宅にも訪れてプロの道へと導いたのでした。それから10年、彼は着実に一人前のプロ歌手として歩み続けている。

まだご本人に会う前にそうしたエピソードを最初に聞いて、これは私にはちょっと難しいかもしれない、と感じました。

どうしても話は、身障者の方がハンデにもめげずに頑張って大きな成功をおさめた、みたいな感動ストーリーになりがちですし、皆さんも身近に、身障者の方が困っていたら手を差し伸べましょう、といった「きれいごと」の連続になってしまいそうな要素がある。苦手なのですね、そういうのが。

元来、私には「世のため人のために尽くす」といった精神が、ほぼありません。災害の現場にボランティアに行くとかもなければ、お年寄りのために席を譲るとかもない。そういう「善行」とは、昔から縁遠かったのです。

だから、感動ストーリーや「きれいごと」はキツい。もしも著者ご自身がそちらの方向を望んでいるとしたら、自分が加わるべきじゃないかもしれないな、とも思いました。

◆「きれいごと」ではなく素直な本音で

本人にお会いして、心配は杞憂だとわかりました。

「人間、いろんな人がいて十人十色でしょ。だから、ボクみたいなのがいてもいい」

「大好きな演歌に出会えたんだもん。幸せな人生ですよ」

そんなこと、力まず、ごく自然にサラッと言う。しかも、常に明るく、ポジティブ。

要するに「ハンデを持った特別な人間」としてではなく、「ムチャクチャ演歌好きな末に、それを職業にしてしまった若者」ととらえればいいわけです。

インタビューは、群馬県・高崎の駅前にあるカラオケボックスで行いました。私がまず生い立ちから現在に至る過程をご本人よりうかがい、原稿としてまとめる。それを音声化したものを本人が聴いてチェックする。生まれは渋川だった清水さんですが、最近、高崎に引っ越していたのでした。

清水さんが、別に感動ストーリーを求めてないのがわかってからは、作業はとてもスムーズ。小学校の音楽の時間、たて笛を吹くときも、自分は演歌好きなあまり、コブシが入って尺八みたいになっちゃう、なんて話を楽しそうに語ってくれるし、一方で、デビューし

清水博正
目が見えない
演歌歌手
「彼の歌を聴いた途端、
雷に打たれた心地だった」
弦 哲也（作曲家）
「彼には、彼にしか唄えない
歌がある」
たか たかし（作詞家）

たばかりのころは、サインがうまく出来ないのが辛かった、などとも打ち明けてくれました。

地元で3回、駅のホームから転落した、なんて危険な話も深刻な問題提起というよりも、

「ホームドアがもっともっと増えてくれればいいんですけどね」

といったさりげない会話の中で出てきました。

「お年寄りや体の不自由な人達に歌で元気を伝えるのが僕の使命」とも語る清水さんの気持ちを、「きれいごと」ではなく、素直な本音として受け取れるような本にするのが、私の側の「使命」でもありました。

盲学校時代の指導員や『ＮＨＫのど自慢』のスタッフ、清水さんのお母さんのインタビューも織り交ぜ、出来上がったのは２０１７年４月です。

すぐに、生まれ故郷の渋川で出版記念も兼ねたコンサートが開かれ、そこで本もたくさん売れました。

天草さんもそうですが、歌手、ことに演歌歌手の方は地元を背負って活動しているとい

うのは、関われば関わるほどよくわかります。

◆歌の宅配便

同じころ、川岸さんにはもう一人、「この人の本を出したらどうだ」と紹介された方がいます。『ふりむけばヨコハマ』『函館本線』などの作詞で知られるたきのえいじさん。たきのさんは、お弟子さんである歌手・かとうれい子さんとともに、「訪問介護・歌の宅配便」という活動を続けていたのでした。

重い病気をもったりして、家で寝たきりで過ごしている人たちのもとへ、「出前コンサート」に行くのです。

それだけでなく、たきのさんは知的障害者の施設や、老人介護施設などに、30年も前からボランティア活動で「出前コンサート」を行っている。

そう、またしても感動ストーリーや「きれいごと」になりかねない。

とにかくこれは、ただ、たきのさんの話を聞くだけでなく、実際に「出前」の現場に行かなくては、そのボランティア精神の根源はわからないな、と、一通り、ついていくことにしました。

しかしながら家庭への訪問についていくのはなかなか難しい。受け入れる側のOKが出ないのです。ようやく、ある、一人暮らしで、ケガの後遺症で下半身が不自由になって家に引っ込んでしまった、という男性のお宅に同行させてもらいました。

その男性と、彼の世話をする友人の2人の前で、たきのさんがギターを弾き、かとうさんがうたいます。『ふるさと』のような郷愁にあふれた曲から、『東京ラプソディー』のようなアップテンポの曲まで。

聴いている方は、歌に合わせて思いっきり手を振り、わざわざ準備していたのか紙テープまで投げてノリノリです。

「嬉しい。来てくれて嬉しい」

何度も繰り返していました。これもつまりは「善行」としてとらえると、なんだかいやらしくなってしまいますが、エンターテインメントの最も原始的な形、と考えると、こんなに誰もが気持ちよくなれるライブはないんじゃないか、という気がしたのです。

聴いてる側も嬉しいし、演奏する側も気持ちいい。

その後、たきのさんが30年続けている、知的障害者施設で行われる「紅白歌合戦」も見学させてもらいました。

こちらはこちらでまた、実にエンターテインメントでした。入所者の皆さんがグループを組んで歌を歌い、たきのさんはじめ、ゲストの方々が審査員になるのですが、必死で歌に取り組む人から、なんで自分はステージにいるの、とポカンとしたままったく歌に参加しない人もいる。このコントラストが、とても愛らしいのです。ただ、みんな、笑顔。

　この笑顔が見たくて、たきのさんは毎年、歌合戦を開いているのだな、と納得しました。

◆表紙カバーの撮影は私

　たきのさんとの作業は、まずたきのさんが原稿用紙に原稿を書く、それを私がパソコンに写す。プリントアウトされた原稿をまたたきのさんが見て、チェックを入れる。そうやって出来上がっていきました。

　で、問題なのは表紙カバーです。普通、カバーはデザイナーに頼んだり、カメラマンに、特別に撮影してもらったり、いろいろ凝るものです。

　しかしたきのさん、こともなげに、

「僕とかとうくんが歩いてるから、それ、後ろから撮ってくれればいいよ」

　撮影シロートの私に言います。「え、そんなんでいいの？」と心配になってきましたが、

「いんだよ。自然な姿で」

渋谷からＮＨＫに向かう裏通りの道で、ほんの5分ほどで撮影が行われました。今でも、表紙カバー、あれでよかったの？　と私は少し不安です。

本のタイトルは『生かされて』。

人だけではない、動物も植物も大地も雨も、なにもかもが生かされている。その歓びを感じて、日々精一杯生きていこう、という気持ちが込められています。

たきのさん、わざわざ『生かされて』という曲も作り、自主制作ＣＤ化して、初版限定で、本の後ろに付録としてつけたりもしました。

「歌の宅配便」だけでなく、たきのさんとかとうさんは、本来のコンサート活動もしていて、代表的なのが、月一回の「かとうれい子感謝祭」です。最初は横浜・戸塚公会堂で開いていたのが、東京・北区の北とぴあに移って、今も続いています。

たきのさんのギター伴奏でかとうさんが歌うだけでなく、観客も一緒に昭和歌謡を歌うのが売り物になっています。

◆オリーブのマミーを知る

さて、演歌ないし歌謡曲系が続いてきたのですが、なぜかここで一転してGS（グループサウンズ）の話になります。

私の知人に、かつてホリプロにいらっしゃった鈴木啓弌さんという方がいて、その鈴木さんから、

「仙台に面白い人間がいる」

という情報をまず聞いたのです。その人物とは、もともとホリプロ所属だった「オリーブ」なるGSグループにいて、いまは仙台在住でパブを開いている。筆まめで、フェイスブックに、自分のGS時代の話を投稿し続けていて、あれはまとめれば一冊分くらいになるんじゃないか、と。

名前は木村武美さんで、愛称は「マミー」。

さっそくフェイスブックで木村さんの文章を読んでみたら、これがなかなかうまくまとまってるんですね。青森での子供時代から、集団就職で上京して、やがてGSの世界に踏み込んでいくあたりが、就職列車の様子など、時代背景も上手く織り込まれていて、読み

物として十分に成立している。

ぜひ、会って話をしたくなりました。


当然、もとより「オリーブ」というバンドのことは一切知りません。ＧＳで知っているのはタイガースやテンプターズ、それにスパイダース、ブルー・コメッツあたりがせいぜいなんですから。もともとそんなに関心がない。

ダメでもともと、気が合いそうならやってみようかな、くらいのつもりで仙台まで会いに行きました。木村さんの店「ＤＲＵＭ」は、仙台随一の繁華街・国分町のど真ん中にある凱旋門ビル六階。小さいながらステージがあり、ドラムセットもあるライブ・パブでした。

「よー！　よく来たね」

サングラスで、とっくに還暦を過ぎたとは思えない若さの木村さんは、実に気さくで、しかし芸能人っぽいオーラは体のどこかに残している不思議なタイプの方でした。

「せっかく来てくれたんだし、きょうはカネはいいから、飲んでってよ」

私は、どうも「タダ酒」に弱い。たちまち木村さんが好きになってしまいました。

そこで改めて、オリーブがどんなグループだったかを再確認したのです。

ホリプロのオーディションに合格した木村さんを中心にメンバーが集められ、デビューしたのが1969年。同じ事務所の先輩「オックス」の弟分として、テレビにも出演しました。しかし、すでにGSブームはピークを過ぎ。オリーブはライブハウスでは絶大な人気を誇りながら、結局、ブレイクできずに1972年に解散。

つまり「遅れて来たGSバンド」だったわけです。

◆出版を記念して、親友の店でライブ

オリーブについて調べていく過程で、GSブームというのが、序章でも書いた通り、まさしく「打ち上げ花火」のように華やかで、しかも儚いお祭り騒ぎだったのを知らされました。

ビートルズの来日が1966年。それが引き金になって、日本中でGSバンドが生まれ、ブルー・コメッツが『ブルー・シャトウ』でレコード大賞とるのが1967年。タイガースが爆発的な人気を獲得して初主演映画も撮るのが1968年。ここがいわば頂点で、翌年からはバンドの解散が相次ぐようになり、70年にはテンプターズ、71年にはタイガース、スパイダースが相次いで解散。

不幸にも、オリーブは、その下り坂の時にデビューを迎えてしまい、最後まで踏みとどまったグループだったわけです。

体質的に私は、こういう素材がまた大好きなのですね。タイミングを逃して当たりそこなったけど、そういうの、あんまり気にしなくて好きなことをやり続けてる人、とか。

現に木村さんは、ご自分の店で、必ず週二回は、ナマ演奏を続けています。

GSそのものの儚い存在感にも心惹かれました。

本づくりとしても、木村さんはとても「楽」な著者でした。ご本人が書くのが好きなので、「生い立ちばかりじゃなくて、もっとGS時代のウラ話を入れてくださいよ」などと頼めば「はいよ」と答えて、すぐにメールで送ってきます。しかも原稿も、ほとんど直すところがないくらいに完成されてる。

本が出来上がったのは2016年11月。タイトルは『最後のGSといわれた男』。GSブームが下火となったあとも踏みとどまった木村さんをあらわすのに、この称号が最も相応しいと感じたからです。

出版記念ライブは池袋でやったのですが、その前夜祭とでもいいましょうか、昔からずっとオリーブ、ならびに木村さんを応援している人たちがあつまるライブが10月、東京・田端のミュージックパブ『おたまじゃくし』で開かれました。

実はこの店の店主・竹屋一水《かずみ》さんは、木村さんとオリーブで一緒だったバンド仲間であり、解散後もずっと付き合いが続いた親友であったのです。竹屋さんも、

「マミーが本を出すって、すごいじゃないか」

と心から喜んでくれて、ライブ開催に協力してくれたわけです。

当日、店内はほぼ50年近く前からオリーブのファンだったという「昔の少女」たち

竹屋一水さんとジョイントする木村さん。

で溢れて、熱気ムンムン。人気の根強さを肌で感じさせられました。

２０１９年６月、その竹屋さんがお亡くなりになった際も、告別式にうかがいました。享年69。まだ若かった。

◆二冊目のGS本

なんとなく、一冊でGSと縁が切れてしまうのが寂しかったのがあります。

木村さんとお会いして、60年代の思い出話を聞いて、私も懐かしかったんですね。GSが出演していた新宿ACBや池袋ACBなどには一度も足を運んだわけじゃないし、そもそもまったく興味もなかった。ただ、あくまでテレビで見ていただけにせよ、学生運動がむやみに盛り上がっていたり、フーテンだ、サイケデリックだって、前の時代とは違う新しいムーブメントが起きていたのは、中学生ぐらいだった私もなんとなく感じていました。

いわば「時代の空気感」でしょうか。GSの人達の話を聞くと、その空気感が甦ってくるのですね。それが快感でもありました。

あとは、『最後のGSといわれた男』が、木村さんのご協力もあって、そこそこの利益が出るくらいには売れたのも、正直、ありました。

で、もう一冊、GS本を出そう、と決めたのです。

とはいえ、やはり定石通りタイガースやテンプターズといった、「当たった」人達を追ってもさほど楽しくはない。そういうことは大手出版社がやればいい。私としては、オリーブのように、うっかりスタートが遅かったために時代に乗り切れなかった人達にこそ興味がある。


資料を見ていって、わずかに2〜3年のブームとはいえ、GSには三つの「世代」があるのがわかってきました。

第一世代ともいえるのは、もともとロカビリーをやっていたり、有名ミュージシャンのバックバンドをやっていたような、プロとしてのキャリアがそれなりにある人達。ブルー・コメッツやスパイダースなどが入ります。

第二世代は、まさにGSブームのど真ん中にいた人達。タイガースやテンプターズなどがそれですね。

そして第三世代は、そうしたブームを受けて、各レコード会社、各プロダクションがあとに続けとばかりに世の中に送り出した人達。あまりにブームの勢いの失速が早すぎて、この第三世代で、誰もが知るようなヒット曲を出したグループはほぼいません。

この第三世代にこそスポットを当てよう、と企画を動き出しました。

まずはもう一回、木村さんにはご協力いただこう。まぎれもなくオリーブは「第三世代」そのものだったのです。ただし、すでに一冊、本を出しているので、もっと違う方にも著者になっていただきたい。

そこで、木村さんの本の出版記念ライブに、友人に誘われて偶然来ていただいた、高宮雄次さんに著者になっていただけないか、とお願いしたのです。

高宮さんは銀座にオフィスを構える広告代理店の会長さんながら、かつては、もろ「第三世代」にあたるザ・ラブというGSバンドのボーカルでした。『イカルスの星』というレコードを一枚だけ出して、バンドは解散してしまうのです。

レコード会社や事務所は、タイガースのような「アイドル」として売り出そうとする。でも本人たちは「ミュージシャン」として当たりたい。第三世代GSの多くがそんなせめぎ合いに悩み、うまい落としどころを見いだせないままに空中分解していく。ザ・ラブもそうした中の一つでした。

「ぼくはね、やめてしばらくは、自分がGSやってたって話は、まわりには言わなかった」こうした、やや屈折した思いを聞き、ぜひ高宮さんにもあのころの想い出を振り返っていただきたいと思ったのです。

◆1970年の池袋ACBが再現！

タイトルは『GS第三世代50年後の逆襲』としました。

一時期はGSから離れ、音楽業界そのものにも距離を置いていたかつての「第三世代」OBたちの多くが、今、またマイクを、ギターを手にして、ステージに甦っている。高宮さんも、高校時代からラブの時代も含めて、ずっと仲間であり続けたヘッケル田島さんらとともに新たにバンドを組み、活動を始めていました。

木村さんと高宮さんだけでなく、第三世代として登場したいくつかのバンドのメンバーにもインタビューさせていただきました。

P．S．ヴィーナス、ザ・ガリバーズ、ザ・ブルーインパルス、ザ・フェニックス、アルファード、ザ・バロネッツ・・・・

どなたも、会ってみると、同じように「60年代の空気」が漂ってきます。

「ハマのバーでは、よくベトナム帰りのアメリカ兵がケンカして血まみれになってたよね」

その一言だけで、あのころの殺伐とした、しかしどこかお祭り騒ぎを楽しんでいたような時代の雰囲気が嗅ぎ取れるのです。

表紙のカバーは、かつて私が週刊プレイボーイのライターをしていたころ、同じ週プレで顔見知りだった中城裕志さんが経営する中城デザイン事務所にお願いしました。中城さんの事務所は、本来、いわゆる「一流出版社」の仕事ばかりしているようなところなので、山中企画とは縁がない。

が、やはり週プレ時代から付き合いがある、『BOYS BE・・・』の原作者としても知られる板橋雅弘さんから、

「どうせ本出すんなら、中城さんみたいな一流デザイン事務所に頼った方がいいよ」

とアドバイスされたのでした。とはいえ、私には、頼むほどの金銭的余裕がない。中城さんにお会いして、そこを正直話したら、「払える額だけくれればいいよ」とあっけらかんなお答え。それで、払える額だけ払いました。「ひとり出版社」としては、こういう方がありがたい。

2018年11月。本を出したらまた、ワンパターンの出版記念ライブです。そこでいらっ

しゃったみなさんに本を買っていただき、制作費の一部でも回収しようというのが、いつもの私のささやかな願望です。セコい！

でもやっぱり、また来てくれるのですね、「昔の少女」たちが。会場は、ペンライトとテープを持った彼女たちによって、さながら「１９７０年の池袋ＡＣＢ」となりました。

もう50年もたってるのに。

ひとり出版社の作り方⑤　返本、資金繰りなど

山中企画を、一つの企業として見るなら、最悪です。

売り上げも年間数百万円に過ぎません。仮に一冊出して売り上げ100万円としても、印刷・製本代などの必要経費が50万円かかるとしたら、利益は50万円。もし年間5冊出しても250万円では、大卒の初任給と変わらないか、それ以下です。

しかもその100万円に行かない本が多いのだから、困っちゃう。

当然、固定費はほとんどかけません。とりあえず、売れ残っている本の多くは、私の親の家に置かせてもらっています。たぶん、今、4千部くらいあるはずです。こちらは倉庫代がタダ。

それ以外にも、一度は星雲社を通して流通して、書店から返品された本が、2千冊近く、星雲社が委託契約している倉庫にあります。こちらは月一万円近い倉庫代がかかります。増えてきたら、断裁してもらうしかありません。

正直、星雲社を通して入って来る書店やネット通販からの売り上げは、全体の4分の1

以下。結局、多くは著者本人の買い取りや、ライブ、講演会などでの「手売り」収入が支えているわけです。

とても一人前の「企業」とはいえない。もっと書店などの一般売りを増やさなければいけないところですが、なかなかうまくはいきません。

生活費もままならないところですが、現在、「週刊アサヒ芸能」で「あなたの知らない「原価」の世界」というコラムを連載するなど、細々と副収入もあります。すでに子供もとっくに成人して、それほど大きな支出もない。だからかろうじてやっていけるのです。

こんな小さな規模の会社なので、いわゆる「資金繰り」はありません。うっかり印刷会社への支払い分がなくなったりしたら、これはもう預金の一部を取り崩すとか、そういう方法になってしまいます。

現実としては、そこまで追い込まれたことは、ほとんどありませんが。

考えようによっては、これほど倒産しにくい会社もないかもしれません。「借金」がそもそもないのですから。こんな規模で、こんな事業内容の会社に、だいだい銀行などの金融機関はおカネは貸してくれません。それにあくまで、自分の守備範囲の中で、一冊の制作費がせいぜい50～60万円以内の本を作っている限り、無理して借金する必要もない。

もっと派手に売れる本を作ろう、営業や宣伝も大々的にいこう、と向上心を燃やせば、それは出版でもおカネはどんどんかかるでしょう。私にはそれほどの向上心もないのです。どうやったら、本づくりを通して楽しい日々をおくれるか、そちらの方がメインテーマなのですから。

とはいっても、あまり高望みはしないとしても、せめて今の倍くらいの売り上げは欲しいですね。

第6章　取材旅行の日々

◆還暦過ぎた「青春18きっぷ」は楽しいが、ツラい

山中企画として本を出すようになって8年間、いわゆる観光旅行で遠出をしたことはまったくありません。

その代わりに、取材、ないしは本の物販のために、けっこう頻繁に旅行に行っています。海外は、青木さんについていった中国が2回、タイが1回だけとしても、国内は平均して月1回以上は出歩いているでしょう。

田中保郎先生のお住まいのある長崎・諫早にはトータルで10回くらいは行ってますし、天草二郎さんの天草にも行ったし、オリーブ・木村武美さんのお店がある仙台にも、トータルで10回近く行っています。田中先生が大阪や京都、福岡で講演した際、本を売りに会場に駆け付けたこともあります。

経費をなるべく節約するため、仙台あたりには、しばしば「青春18きっぷ」を使って向かったりもしました。最初のころはまだよかったんです。東北本線で栃木・黒磯と福島・郡山間が直接つながっていて。何年か前から途中の新白河で乗り換えが入るようになってから、俄然、鈍行での移動が面倒になってしまいました。

おかげで、仙台に着くころにはクタクタになりますが、それでも新幹線で行くのに比べ4分の1くらいの料金ですみます。深夜バスも試してみましたが、あれはなかなか眠れないし、自由にトイレにも行きにくいし、私は苦手です。

昨年夏は、思い切って、田中先生の諫早から山陽本線、東海道本線などを経由して、埼玉の自宅まで18きっぷで帰る旅にトライしてみました。

もうこうなると料金の節約というより、単なる「趣味」ですね。途中、下関と大阪に泊まったら、かえって高くついた。しかも高齢者なので、よく足がツルんです。

やむを得ず、九州なら飛行機、京都・大阪ならホテル付の新幹線格安ツアーを使います。ただし、飛行機はLCCで、成田空港のはずれにある第3ターミナル発がほとんどです。ちょっと「島流し」になったような気分で、あのターミナルには独特の哀愁があります。

思い起こせばバブル期、よく雑誌の取材で地方出張をしましたが、取材費もたっぷりで移動はJALかANAか新幹線。現地についたら、その土地の名物を食べまくっておりました。まさか30年経って、18きっぷ移動の上に、現地でコンビニ弁当の日が来るとは思ってもいなかった。

それでも懲りもせずに「節約出張」を続けているのですから、たぶんこういう旅行の仕方が好きなのでしょう。

◆那覇空港LCCターミナルに降り立つ

地方での取材といえば、まずは沖縄が思い出深いです。

沖縄には、いわゆる「出来たら沖縄に移住したい」と常々語っているような熱狂的「沖縄フリーク」も少なくありません。輝く太陽に青い海、食べ物もおいしく、流れる時間ものんびりでストレスもたまらない。そんなイメージに惹かれて、やってくる観光客も年間約一千万人。

しかし、残念ながら、私は別に「沖縄フリーク」とかではありません。

本を作ろうとした動機もとてもシンプル。2014年春、知り合いの健康食品会社の方から、「ウチで沖縄の野草を主成分にした商品を売っているんで、沖縄野草のすばらしさを広められる本ができないか」とオファーがあったのです。薬事法の問題もあるので、商品そのもののPRは一切なし。沖縄野草のイメージアップだけ考えてほしい、とのことなのです。

それで、取材費や制作費についても、「それなりに」バックアップしてくれる、と。考えるまでもなく、私はあっさりとお受けしました。

当然、小まめに何か所も取材するのが予測できましたので、島内の移動手段をどうするかが課題となりました。

以前も沖縄には何度か行っているので、那覇の中心部には「ゆいレール」が通ってはいても、あとは車かバスでしか動けないのは承知していました。いちいち時刻表を見ながらのバス移動は、ちょっと無理。となったら車だけになりますが、私は運転免許を持っていないのでレンタカーは借りられません。

それでネットで、移動のお手伝いをしてくれそうな方を捜したのです。

見つけたのが、沖縄市在住の「たまちゃん」こと、田場美由紀さんでした。会社勤めのかたわら、「たまちゃんクラブ」というコミュニティを主催していて、親子で畑仕事をする「親子農業体験」や、沖縄の浜辺をみんなで清掃する「ビーチクリーン」活動を行っていました。

しかも、沖縄の良さを広くアピールしたくて沖縄野草を使った料理教室も、開いたりしている。

こういう方なら、沖縄野草の素晴らしさについて語れる場所や人をたくさん知っているだろうと考えたのです。しかもご本人が車を持っていれば、それに乗せてもらいつつの取材巡りも出来る。

さっそく「たまちゃんクラブ」のホームページに伝言を入れ、ご協力をお願いしてみました。すぐに快諾のご返事をいただき、4月、5泊6日の日程で沖縄に行ったのです。もちろんLCCの安チケットでしたが、那覇空港のLCCターミナルって、貨物倉庫をそのまま改装したみたいなところで、張りぼて感満載。しかも空港の端っこで、バスに乗らないとゆいレールの駅にも行けません。

このうらぶれ感がたまりませんでしたね。私、そういうの好きなんです。

◆「のんびり」の島を駆け回る

予想していた通り、「たまちゃん」にお願いしたのは大正解でした。

宜野湾市にある、野菜や野草を育てて売っている「ハッピーモア市場」や、沖縄野草料理の会をはじめ、「たまちゃん」がお付き合いしている沖縄野草関係者の方々に次々とお会いすることが出来ました。移動としては、あくまで沖縄本島内なのですが、南は那覇、糸満から、北は「やんばる」と呼ばれる北部エリアまで、一通り回ったのです。

こりゃもう、車がなかったら、絶対ムリ。

たまちゃんご自身が育てているうるま市の野草畑にも行きましたし、道端歩いていても、たまちゃんは、よく立ち止まっては、「あ、これいい」と野草をとっては、持って帰るのです。沖縄では、「命の薬」を「ぬちぐすい」というのですが、さしずめ、野草こそがそのぬちぐすいの最たるものであるのを、つくづく知らされました。

そりゃ、本来なら、観光で「のんびり」するために行く沖縄を、朝から晩まで動き回って来たのですから、いろいろ行きました。

シークワーサーを作っている名護の山の方から、泡盛のもろみ酢を作っている金武《きん》町の酒蔵、サトウキビを原料に健康食品を作ろうとしている読谷村の農家、「アーサ」、いわゆる他県でではアオサと呼ばれる海藻を養殖している北中城《きたなかぐすく》村の兼業漁師。

県庁の健康長寿課にも行きましたし、女性長寿日本一といわれる北中城村役場にも行き、村内に住む元気で今でも農作業している「オバア」を紹介してもらって、取材にうかがったりもしました。１００歳で現役でゲートボールをしている「オジイ」にうるま市で出会い、さっそく話を聞かせてもらったりもしました。

だいたいお年寄りには、どんなモノを食べ、どんな生活をしているかを聞いたのですが、90歳になってもピンピンしているような方は、やはり昔ながらの野菜や野草を中心に、ある程度は豚肉などでたんぱく質も補給する、といった食生活でしたね。一番多かったのが自家製の野菜のチャンプルー。自分で畑で取って来た野菜を使うのですから、それは健康にいいはずです。

ずっと「健康長寿の島」とされてきた沖縄ですが、近年は、平均寿命もガックリ落ち、65歳未満の死亡率が男女とも全国トップになってしまったともいわれます。

そりゃそうでしょう。那覇の市内とか動いていれば、よくわかります。ハンバーガーなどのファーストフード店やステーキ屋は数多くあっても、昔ながらの沖縄野草料理を食べさせる店、とかはそんなにありません。しかも、たまちゃんいわく、「沖縄人は歩くのが苦手で、100m先でも車で行く」とか。こりゃ、太るわ。沖縄の人たち自体が、せっかくの「ぬちぐすい」を食べなくなっていたのでした。

◆沖縄の人に著者になってもらうべきだった

一度だけ行って本をまとめるつもりが、結局、2泊3日で、6月にもう一度行くことにしました。

現地に住む「ウチナー」のお医者さんに、ぜひ沖縄野草と健康長寿について語っていただきたかったからです。幸い、ある医師の方にコンタクトが取れて、話を聞かせていただきました。

なぜかそこでは、本来のテーマだったはずの野草や健康よりも、もっと印象に残る一言があったのです。

「私はユタは、沖縄で、とても重要な役割を果たしてると思ってる」

つまり「ユタ」を認めているわけですね。この「ユタ」というのは、沖縄独特の、いわゆる霊能者で、ご先祖様の霊とも交信できる人達。沖縄の人は、しばしば原因のよくわからない病気もこのユタに治しにもらいにいくため、「医者半分、ユタ半分」なんて言葉もあるそうです。もっとも、単なるカネ稼ぎのためにユタを名乗る人も皆無ではないとか。

当然、近代医学を身に付けたお医者さん、「あんなの迷信」とすげなく否定するかと思いきや、認めた上に、「ユタの友達もいます」と言い切りました。

どうにも、このあたりが沖縄の奥深さですね。東京あたりに比べて、生者と死者の距離が短いというのか、「科学」のワクにとらわれていないというのか。

別に、野草と健康をテーマに回っていくはずが、合わせて1週間以上いると、自然に、それ以外の部分にも目が行きます。

たとえば、沖縄では、地元以外の日本の地域を呼ぶとき、どう呼ぶか？　これ一つとっても、なかなか複雑なのです。「本土」だとしたら、まるで沖縄は「へき地」みたい。「内地」ならば、沖縄は「外地」で日本以外みたい。とはいえ「沖縄県外」は、たとえば「埼玉県外」とはまったく違う意味合いがあります。

そもそも沖縄の人が「本土の人」と呼ぶときは、ただ地域をあらわすだけでなく、どこか沖縄を利用したり啓蒙しようとしたりするためにやってくる「自分本位の人達」といったマイナスの意味が内在しているのです。そういうのは、行って、わかりました。

会社でも商店でも、「本土化」の名目で、かつてのんびりとした「沖縄時間」が流れていたものが厳しい時間厳守を求められるようになったり、ウチナンチューがストレスをためている様子も、たまちゃんとの会話を通して何となく感じたのです。

こりゃ、平均寿命も短くなるわ。

いろんな要素をごちゃまぜのチャンプルー状態にして2014年11月、本を出しました。『沖縄で腸をケアして健康長寿　そしてやがては穏やかな死』と、やたら長ったらしいタイトル。

期待したほど売れなかったのですが、このタイトルが長すぎたのと、著者を私自身にしてしまったのが大きな失敗だった、とあとで

反省しています。

こういうテーマは、ぜひ沖縄の人に著者になってもらうべきだったのです。まったく説得力が違うから。

とはいえ、合計一週間以上、あくせく、島内を歩き回ったのは、楽しい思い出です。

◆PR動画で注目された宮崎・小林市

なぜか田中先生の諫早をはじめ、最近数年は九州方面に縁がありましたが、2016年、またその九州のある町をテーマにした仕事をやりました。

場所は宮崎県小林市。小林出身の健康食品会社社長・中島祥行さんから、今、市が発信している町のPR動画がすごい話題になっている、との情報を得て、それをキッカケにした本を作ってみよう、と考えてみたわけです。

さっそくネットで見た動画のタイトルが「移住促進PRムービー『ンダモシタン小林』」。2015年にYouTubeで配信されて、公開一カ月で再生回数140万回を超えた、という大ヒットをなしとげたのです。

小林市は人口4万数千。560㎢の広さの4分の3が森林というのですから、いわば地方の小さな市。かつて「星空の美しいまち日本一」に五回選ばれたのと、市内に約70カ所を超える湧き水があるのが自慢なのだから「イナカ」としかいいようがありません。人口も減少傾向で、ぜひ新たな住民を誘致したい。

では、なぜ日本全国に、今、よくある過疎化が進む町が発信する動画がそんなに人気になったのか？

見てすぐにわかりました。作り方が巧妙だったのですね。湧き水や美しい星空などの自然の豊かさと、チョウザメをはじめとした名物などを、フランス人が、一見すると流暢なフランス語で紹介していくように見せつつ、最後は、そのフランス語らしいナレーションが、実は小林の方言「西諸弁」だった、という決定的なオチで終わるのです。

フランス映画を思わせる流麗な映像に合わせた音楽的なナレーションに引き込まれたところで、最後にアッと驚く大逆転。「やられた！」っていう感じでした。

この作品の成功で、第二弾、第三弾と次々に作られて行きますが、やはり第一弾のインパクトは圧倒的にすごい。

はてさて、この話題の小林市のどこに焦点を当てたらいいか、実際に現地に行く前にまずある程度目算を立ててみることにしました。

自然の豊かさ、美しさを前面に押し立てても、他にも日本中にそういう地域はたくさんある。名産品を集めたところでせいぜい20〜30ページがいいところで、とても一冊にはならない。無理やりそれでまとめたとしても、ただのカタログにしかならない。

最初から最後まで、終始一貫、ヒット動画にこだわる方法もありますが、オールカラーにしなくてはならないし、予算的に厳しい。どうしてもプランニングがセコくなってしまうのが、私の弱点なのです。

結局は、小林市在住、あるいは動画に関係するクリエーターたちに焦点を当てたものにしていこう、と結論を出しました。

タイトルは『動画『ンダモシタン小林』からたどりついた小林市の美と元氣を創る「匠」たち』。

どうも沖縄の本といい、これといい、妙に長ったらしいタイトルをつけるのに、しばらく凝っていた時期がありました。

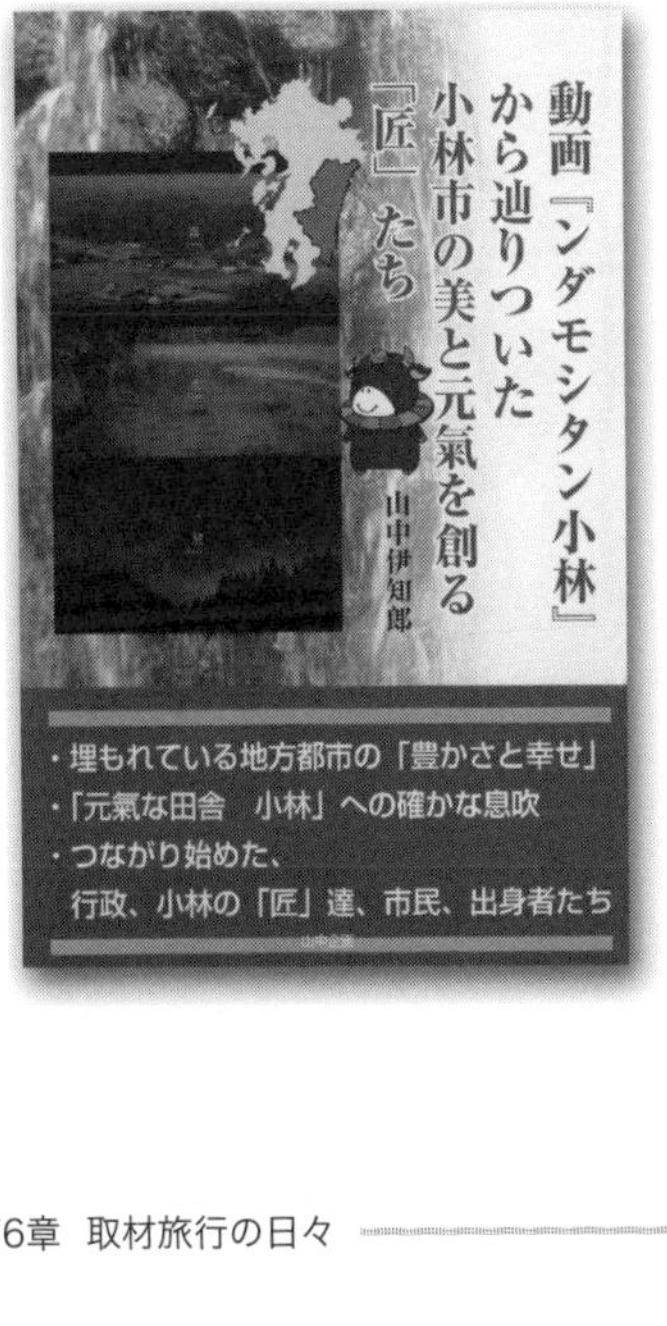

動画『ンダモシタン小林』
から辿りついた
小林市の美と元氣を創る
「匠」たち
山中伊知郎
・埋もれている地方都市の「豊かさと幸せ」
・「元氣な田舎　小林」への確かな息吹
・つながり始めた、
行政、小林の「匠」達、市民、出身者たち

◆小林駅前でボーッとしていた1時間

文化圏でいえば、宮崎より鹿児島なのかもしれません。

２０１６年4月、私は2回、小林にうかがいましたが、降り立ったのは鹿児島空港。江戸時代は薩摩藩の一部だったそうで、地元の人によれば、方言の「西諸弁」も宮崎弁より鹿児島弁に近いそうです。

高速バスで鹿児島空港から小林インターチェンジまで50分。そこから市街までは車で10分くらい。

やり方は沖縄の時と変わりません。

そこで私は時間に追われつつ、出来るだけ数多くの小林の「匠」たちの取材に回りました。新しいミネラルウォーターを作り出そうとしている匠からチョウザメ料理を売り出そうとする匠、名産の栗やユズを育てている匠、クレソンやハーブを育てている匠。

画家として活動されている方、アイアンアートの工房を持っている方や磁器工房を経営されている方、あるいは地元発のPR用ポスターのデザインを請け負っている事務所など。

追加取材で、この動画制作のきっかけを作った市役所の方や、東京に戻った後、動画のディレクターをされた方にも話を聞きに行きました。小林出身のディレクターは、大手広告代理店入社後は、CMや広告用アニメーション制作で、国際映画祭でグランプリをとったような実績を持った方でした。そりゃ、いい動画作るわ。

しかし、本当のところ、あとで振り返ってみて、小林に行って最も思い出として残っているのは、あちこち「匠」を捜して走り回ったことではなく、ついつい疲れて、昼下がり、1時間ほど小林駅前のベンチに座って、ボケーッとしていたシーンでしたね。ほんとに駅前なのに、人通りもない。いい天気だったのに、歩いている人も見かけない。こんな町から、突如、日本はもちろん諸外国からも驚かれるような、オシャレで、見事なオチもあるような動画が飛び出したというそのギャップが、どうも可笑しかったのです。

高度成長期、日本の多くの町は人口を増やし、賑

実にゆったりした時間を過ごせた小林駅。

やかにしよう、といわば東京のようになりたい、とカジをとってきました。でも、この少子高齢化の時代、そんなことはできるはずもなく、あらかたの町は「ＴＯＫＹＯ化」を諦め、せめて現状維持ができないものか、と模索を続けています。

どうも、そういうところでジタバタせず、地方の町も、マイペースで自然に流れに任せて行ってもいいんじゃないか？　だって、突然、地方からでも何か面白い動画や情報を発信すれば、東京や日本の枠を超えて世界に広がってしまう時代なのですから。「賑やかな都会」と「さびれたイナカ」と分類する自体、無意味なんじゃないか？　「東京発」でも「小林発」でも、外国人にしたら「日本から来た」ことで、さほどの差は感じないでしょうし。

本の発売は２０１６年６月でした。

少子高齢化の中、地方の町がこれからどう生きて行ったらいいか、は、あの小林駅前でボーッとした時から、私にはちょっと気になるテーマの一つになっています。

◆前米沢市長・安部三十郎さん

小林の本から2年後、地方の町はどうあるべきかに誠心誠意取り組んできた人物の本を作ることになりました。

その人物とは、山形県米沢市の前市長・安部三十郎さんです。なぜいきなりそんな人の本を作るかといえば、理由は簡単、大学時代の同級生だったからです。

私も安部さんも、ともに早稲田大学を留年していて、そんな留年仲間が10人ほど集まり、「早大留年会」、略して「早留会」、それをちょっとカッコいい漢字に差し替えて「蒼龍会」なるグループを作っていたのです。もっとも活動そのものは、単に夜な夜な、大隈通りの喫茶店「アリカ」に集まり、酒を飲んでるだけだったのですが。

昭和53年くらいの話です。あのころの酒のメインは、サントリーホワイトでしたね。この付き合いが卒業後も40年以上続き、いまだに年一回はほぼ全員が集まる飲み会が開かれております。

米沢興譲館高校出身の安部さんは在学時から、熱烈な郷土愛の塊のようなタイプで、「米沢のために、必ず力になりたい」と一途に語り続けていました。その時から、「こいつは本気で市長にでもなる気でいるんじゃないか」と思ったら、本当になっちゃったのです。

大学卒業とともに地元に戻り、会社勤務、行政書士などを経て、二度の落選の後に市長選に当選してしまったのですね。

二度目の落選の時は、「蒼龍会」のメンバーも米沢に応援に行って、私もビラ配りしてきました。

残念ながら２０１５年の選挙で四選ならず。その後、東京で会った時に、

「ぼくの12年間の市政を、ぜひ本にしたい」

ともらしたのでした。

「だったら、私にやらせてくれよ」

となって、動き出したのが２０１７年の夏。行きましたよ、「青春18きっぷ」で米沢まで。

大変なのです、これが。福島発12時51分の鈍行を逃すと、もう次は16時４分まで、米沢行きはなし。３時間以上あいてしまう。どうしようもない時は、１時間に１～２本走っている山形新幹線に乗ればいいのですが、「節約旅行者」のプライドとして、出来る限り鈍行にこだわりました。

結局、５～６回は米沢を往復しましたが、そのうち半分は「18きっぷ」だったと思います。仙台

青春 18 きっぷで行く米沢駅は遠かった。

の元オリーブ・木村さんの店と一緒に行った時などは、最初に仙台に行き、山形を経由して米沢に行き、福島経由で帰って来る、なんてのも「18きっぷ」でやりました。

仕事そのものは、さほど手がかかりません。安部さん自身が文章はすべてまとめるし、写真も彼の持っているものを使うだけですから。

米沢に何度も行ったのも、仕事の打ち合わせというより、飲んで四方山話をしにいったみたいなものです。

◆大隈講堂裏で出版パーティー

昔から、安部さんはよくリーダーにありがちな、「オレがすべてを仕切る」といったワンマンタイプではありませんでした。みんなの意見を一人ずつちゃんと聞いた上で、「じゃこうしよう」と最終結論を出す方。

送られてきた原稿も、その人柄そのままで、自慢話の匂いはほとんどありません。しいて言えば、米沢を訪れた当時の駐日アメリカ大使のキャロライン・ケネディさんと握手している写真を「ぜひ載せてくれ」と送って来たくらいかな。

ケネディさんはもちろん、その父であるケネディ元大統領も元米沢藩主だった上杉鷹山を尊敬していて、ご自身、たっての願いで米沢にやってきたのだそうです。

安部さんもまた、郷土の大先輩の上杉鷹山の信奉者です。破綻しかかった米沢藩の財政を思い切った人材登用で立て直した上に、民政にも力を入れて、地場産業も生み出し、領民の教育などでも大きな成果を残した鷹山。いわば「地方行政の神様」みたいな人。安部さんが憧れの対象とするのもよくわかります。

その文章を読むと、彼が地道に地域振興、財政の健全化と共に、「郷土を愛する心の復興」を目指していたのがよくわかります。市民参加の、米沢を舞台にしたミュージカルを後押ししてみたり、米沢の庶民文化や「歴史の町」米沢をアピールするために「なせばなる秋まつり」をスタートさせてみたり。

ちょうど在任中の２００９年、ＮＨＫ大河ドラマが上杉家家老・直江兼続が主人公の『天地人』だったのも追い風になっていました。上杉家は最後は米沢に落ち着いたわけで、まさに「愛と義のまち」として全国的にアピールできたのでした。

鷹山政治の継承
前・米沢市長 安部三十郎
ケネディ大統領も尊敬していた上杉鷹山の城下町、米沢。生真面目・純粋市長が目指した市民手づくりの「芋煮会方式」市政。

また東日本大震災の折は、福島県と県境を接する隣組として、たくさんの避難民受け入れも行っています。

「単に効率だけでなく、親身になって、市長や職員の心の力で市民をサポートできる、心力行政を目指す」これが安部さんのポリシーでした。

本のタイトルは『鷹山政治の継承』。やはり、どこまでも究極の目標は「鷹山公」なのです。

本を出した直後の2018年5月19日、本人たっての希望で、早稲田の大隈講堂の裏にある大隈ガーデンハウスで、出版記念パーティーをやりました。

本人、とても喜んでいました。彼は熱い郷土愛とともに、熱い母校愛も持っている男なのです。東京、ないし首都圏在住のゆかりの方々が多数来た中、「蒼龍会」メンバーもやってきて、受付などの手伝いをしてくれました。

◆野毛大道芝居

遠出というには距離が近すぎるのですが、頻繁に横浜に取材していたのが2018年でした。

JR横浜駅の隣の桜木町駅。南改札を出て左に折れれば、超近代的なみなとみらいのビル群。右に折れて、通称「野毛ちかみち」と呼ばれる地下道を抜けて地上に出ると、昭和そのものの面影を残す野毛の飲食店街があります。

そこでは、今でも春になると、毎年、大道芸人を集めた「野毛大道芸フェスティバル」を開催するのですが、かつてそのフェスの中で、夜、主にお芝居のシロートたちが集まって行われた芝居公演があったのです。通称「野毛大道芝居」。

参加した人達はとにかく多士済々。名の知られたところでジャズ評論家の平岡正明さんや芥川賞作家の荻野アンナさん、前衛芸術家の秋山祐徳太子さんもいれば、作家の山崎洋子さんや朴慶南さん、料理研究家の小林カツ代さん、浪曲師の玉川奈々福さん、それになぜか横浜市長だった高秀秀信さんもいました。それ以外にも野毛の飲み屋のご主人から、土木関連会社社長、神奈川県職員、元ヤクザから小学生、獣医さんからラジオ局のパーソナリティなど、よくこれだけ雑多にいろいろな人を集められたな、と感心するくらい様々な業種の人達がいたのです。

で、それを座長として芝居を支えていたのが俳優として映画、舞台、芝居で数多くの名演技を見せて来たベテラン俳優・高橋長英さん。プロデューサーで裏側を支えていたのが、地元の中華料理店「萬里」のオーナー・福田豊さん。

この二人を中心にして、１９９４年から11回にわたって、野毛の街中で、芝居が繰り広げられたのです。

第一回が『花のウエストサイド　一本刀土俵入り』で、『ウエストサイドストーリー』と『一本刀土俵入り』を合体させ、途中からサンバ・グループの乱入もあるといった、ほぼハチャメチャな展開の芝居が、まさしく野毛の大道で繰り広げられました。

以降、「清水次郎長」だったり、「文七元結」だったり、「無法松の一生」や「忠臣蔵」だったり、一応、柱になるストーリーはありつつも、出演者が出番を忘れるハプニングがあったり、まったく台本を無視してアドリブしか言わない出演者がいたりで、無秩序ながら和気あいあいの公演が続いたのです。それでもたった2日の公演のために、1カ月前から稽古は行われていました。

ギャラは、観客の「投げ銭」だけ。衣装や大道具などの予算は町からの補助金で2005年まで続いていたのが、とうとう「お前たちだけ楽しんでて、いい加減にしろ」とその予算が出なくなって打ち切られたのです。

「あんなバカバカしくて楽しかった思い出はない。ぜひ記録として残したい」

言い出したのが福田さんでした。じゃ、本にしようとなって私に声がかかったわけですが、どうして私に話が来たかと言えば、実は最初の第1回、第2回まで、私も出演者の一人として加わってたのですね。だから福田さんとも顔見知り。私の住む埼玉の浦和から横浜までは少し距離があるので、自然と足が遠のいて、3回目からは出なくなってしまったのです。

もう終わって10年以上たっていたけれど、いろんな業種、年齢、キャラクターの人達が集まる大道芝居の世界は入り込めば入り込むほどハマっていきそうで、さっそく取材に入ることにしました。

◆大道芝居の聖地は「一千代」

作業としては、私が大道芝居ゆかりの人達を取材して歩いて、そのインタビュー原稿をまとめ、福田さんがチェックを入れていく形になりました。なぜか著者名は「野毛風太郎《ぷうたろう》」。設定としては、横浜港で沖仲仕をやっていて、プラッと野毛に飲みにやって来たヘンなヤツ。

全部で30人以上の関係者の話を聞きましたが、どれも楽しかったですよ。

一番笑っちゃったのが、人によって「芝居」に対する真剣度がまったく天地ほど違ってたこと。座長である長英さんはもちろん、稽古場ではしっかり芝居として取り組もうとまじめに稽古に励む人達がいる一方、ただ、仲間と飲みに来てるだけじゃないか、と思うような人達も多数いたようです。

ある日、あまりに稽古の出席率が悪いのに腹を立てた長英さん、「きょうは稽古はやめだ」とさっさとやめて飲み屋に行くと、なんとそこに10人以上の座員が居て、一杯やってたとか。

「稽古なんかしなくても、自分が出れば、来てくれた友人が喜んでくれるし、それでいい」

そんな、忘年会の余興レベルでやってた人も少なくなかったようです。

また、実際に取材に回ると、真面目派より、テキトー派の人の話のが面白いんですね。そのテキトー派の代表が、野毛のうなぎ屋「一千代」のご主人・関口誠一さん。通称「誠ちゃん」。芝居は完全なドシロートで、やる役は川で死んでた土左衛門とか、うなぎの着ぐるみとか。もろ、付き合いで渋々出てる感じで、

「いつもみんなワーッと来て、ワーッと帰ってってって、芝居やってて、いったい何が楽しい

「一千代」は野毛大道芝居の中心拠点。

のか、最初はさっぱりわかんなかった」

ただ出演を重ねていくうちに、だんだん芝居の面白さがわかってきたとか。

そして、この「一千代」こそが、大道芝居の仲間のたまり場であり「聖地」でした。

「一千代」には、たくさんの伝説があります。

味はいいが、料理が出るのが遅くて、出てきたころには、客は何を注文したか忘れる、とか、「どれなら早く出せる?」と聞かれた誠ちゃん、「かまぼこなら」「じゃ、それにして」と言われて、さっそく近所のスーパーにかまぼこ買いに行った、とか、気心のしれた客だけいてホッコリしてた誠ちゃん、よく知らない客が入ってきて、「チエッ、客がきちゃった」とイヤな顔をするとか・・・。

ま、ご主人、ほぼ商売っ気のない人なのです。

そういう体質がたまらなく好きで、ジャズ評論家で、大道芝居の主要メンバーの一人だった柴田浩一さんなどは、

「こんなやる気のない店はさっさと閉めちゃいなよ」

と言いつつ、ちょくちょく通っていたとか。ある人は、

「野毛は不思議な街でね。羽振りのいい人や羽振りのいい店とかよりも、何やってっかわかんないような人や、あんまりハヤってないような店のが尊敬されたりする。いいところ

なんですよ」

２０１８年の９月に『横浜・野毛大道芝居の日々』のタイトルで本を出しました。

その月、出版パーティーの会場はもちろん「一千代」。取材させていただいた皆さんの多くも参加し、会場は溢れんばかり。

そればかりではありません。座長の長英さんの朗読会があれば「ここで売れるよ」と声をかけてもらえるし、野毛でイベントがあれば、また「売りにくれば」と呼んでもらえます。

最も大きなイベントといえば、もちろん大道芸フェス。２０１９年４月は、２日間にわたって、「一千代」の前で店開きです。
長英座長が遠山の金さんの衣装を着けて登場していただいたのをはじめ、座員の皆さんは、思い思いの「コスプレ」で販売に協力いただきました。
終了して10年以上過ぎても、大道芝居は皆さんにとっていい思い出なのです。

ひとり出版社の作り方⑥　電子書籍

すでにペーパーレスの時代が来ているとマスコミでもいわれ、もはや本も紙ではなく、電子書籍じゃなきゃ、という方も多いです。

少なくとも、雑誌の分野ではｄマガジンをはじめとした「読み放題サービス」が浸透して、雑誌本体を買わずにスマホで読めばいいや、という流れになってきています。

単行本も同じ流れになっていくのは当たり前、と考えて当然でしょう。

すでに世の中の流れからは取り残された感のある山中企画でも、そこは最低限の対策はしております。たとえば田中保郎先生の最初の本をはじめ、電子書籍で売れる可能性のある本については、すでに知り合いにお願いしてKindle版で電子書籍化はしているのです。

ただ、まだ一カ月に入ってくるおカネが1万円を超えたことがありません。つまり、そんなには売れない。マンガ本やベストセラー本など、電子書籍でもビッグビジネスになるといった話は聞きますが、もとより私は、そんなビッグビジネスを目指せるはずもなければ、目指してもいない。

あくまで、今のところは紙の本のついでであり、さほど、それで何か楽しみたい気持ちもありません。

ある思い出もあります。20年ほど前でしょうか、著者として本を出させていただいたビジネス書系の出版社のパーティーがありまして、出席した時のことでした。開会後、すぐに登壇した、その社の社長さん曰く、

「10年もたてば、紙の本にかわってe-bookが出版界のシェア全体の半分以上になります。わが社もそれに備えて準備をしています」

10年経っても、別にそんなに「紙の本」のシェアは落ちませんでした。


もちろん「紙の本」のシェアが今後は年を追うごとに下がっては行くでしょう。

もしも自分が30代とか40代とかならば、真剣に本格的な電子化に備えて対策を立てなくてはいけないかもしれない。というか、もうすでに立て終わってなければいけないくらいです。

ですが、私は60代半ばの「ひとり出版社」なのです。続けられるとしてもせいぜい10年、5年もたないかもしれない。もはや時代に合わせる必要はなのではないか、と心底思うのです。「紙の本」の寿命が尽きるより前に、よほど自分の寿命が尽きている。

もとより生まれ育ってからずっと付き合っている「紙の本」には格別の思いがあります。

本を手に取った時の質感から、最初のページを開いたときのワクワク感。ああいうものはスマホでは味わえません。

山中企画をはじめてからも、作るなら「紙の本」にこだわり続ける明快な理由があります。「紙の本」じゃなきゃ物販ができない。講演やライブに行ったり、パーティーを開いたりして、私は本を売る機会がとても多いのです。それがないと、山中企画はとっくに行き詰っています。

また、前にも触れた通り、直接、ユーザーと触れ合える場がとても楽しい。きょうのライブでは何冊売れるかな、と会場にいって結果を待つドキドキ感もまたたまらないのです。わざわざ新幹線代までかけて遠出して、全然売れなくて交通費すら出なかったときの失望感ですら、また楽しい。本を作る楽しみのうちの20〜30%くらいはそこにあるかもしれない。

ちゃんと形になった「紙の本」だからこそです。電子書籍でそれは味わえません。そこが、ネットに出る数字で一喜一憂出来る世代とは違うのでしょう。

要するに「時代遅れ」である自分を受け入れてしまったのです。

未来への飛躍を求めるなら電子書籍に力を入れたらいいでしょう。私はしません。

第7章　女性の著者たち

◆栃木・黒磯のとっこねぇ

我が山中企画で本を出された著者の方は、男女比でいえば、男性の方が圧倒的に多いです。ですが、決して女性がいないわけではありません。

それぞれ皆さん個性的であり、やる気満々の人達ばかりです。本を出すというのは、自分の考え方なり生き方なり、さらには自分が進めるビジネスプランを積極的に世の中に示そうとする行為であり、「気合が入っている」人でなくては、そもそも出しません。特に女性においてはその傾向が強い気がします。

といいつつ、実は最初に出した女性の本の主人公は「ただのオバサン」なのでした。

有名なわけでもなく、新しいビジネスを始めようとしているわけでもなく、お金持ちだったり、すごい家柄だったりするわけでもない、フツーのオバサン。

栃木県那須塩原市在住の井上時子さんという方です。

なぜこの方の本を出したくなったのか？　それは私と、この井上さん、通称「とっこねぇ」との行きがかりを説明しないとわからないでしょう。

2005年のことでした。私は、前にも書いた通り、浅井企画という芸能事務所に出入りしておりまして、それと同時にライターの仕事で栃木県・那須塩原の別荘会社の社長さんと知り合いになりました。で、その社長さんに「地元を活性化したいので、那須にお笑いタレントを育てる学校みたいなものが作れないか」と言われたのです。

さっそく川岸さんに相談したところ、「じゃ、二郎さんを校長先生にして、やってみたらどうだ」となりました。

そう、コント55号の坂上二郎さんです。やはり学校を名乗るからには、トップには名前のある人がいいだろうとの配慮です。二郎さんは当時、脳梗塞で倒れた後で、体の動きはかつてのようにはいかないものの、皆さんの前に出ての講演は十分にできる状態でした。

授業は週一回としても、別に校長先生はたまに来ればいい。それで私が講師になってスタートし、募集をかけて20人ほどの生徒が集まったのですが、そのうちの一人がとっこねぇだったのです。

当時61歳。栃木弁というか、本人曰く、出身の「黒磯弁」まる出しの、イナカのオバチャンでした。もともとやっていたのは保険の外交。愛想がよくて、顧客には小まめに手土産を送ったりフットワークもよくて、宴会になると誰よりも賑やかに場を盛り上げて、売り上げトップクラスに。パソコンの使い方がわからなくて、とうとう退社してしまったものの、生徒としてやってきた中では、もっとも元気いっぱい。

お笑いの経験はゼロだとしても、シロートならば、まず元気が大事です。

そこで私は、生徒の中で、当時9歳だったのぞみちゃんという女のコと組んで、52歳の年の差コンビを作ってみたらどうだろう、と考えました。コンビ名は「井上のぞみ」。ネタは、

「おばあちゃん、写真撮ってあげる」

「あ、そうけ。ありがとう」

「よかった、これでいつお葬式があっても遺影の心配はないよね。イエーイ！」

「のぞみ！」

といった短い掛け合いの繰り返しで、そのネタごとの間を、「井上♪　のぞみ♪」とメロディーをつけて踊りながら唄うのです。

このコンビがなんと、翌年8月、「時子とのぞみ」と改名して、日本テレビの『エンタの神様』に登場したのですね。たったの一回だけでしたが、私にとってもとっこねぇにとってもいい思い出でした。

◆特別じゃない、オバサンの半生の本

坂上二郎さんがお亡くなりになったのもあり、「那須お笑い学校」は自然消滅してしまいましたが、その後、私も同じ栃木の大田原市の「健康お笑い講座」の講師となり、とっこねぇも生徒として来てくれて、交流は続きました。

そうこうしているうちに、私は発作的に思ったのです。そんなに特別ではない、でも元気がよくて周囲を明るくしてくれるオバサンの半生を振り返る本を作ってみたい、と。それを通して日本の戦後史を振り返る、みたいな大げさなものではありません。そこに、どれだけ売れるかな、とか、どれだけ完成度の高いものが作れるかな、といった計算はありません。そういや、とっこねぇがどんな人生歩んだか、聞いてみたいなと思っただけです。

いつも通り、宇都宮線の鈍行に乗って宇都宮に行き、そこから乗り換えて黒磯まで行き、とっこねぇの話を五回くらい聞いたでしょうか。彼女は、必ず自分で調理した昼食を準備してくれるのです。「どの料理も、ごじゃっぺだ」と言いつつ。この「ごじゃっぺ」とは、黒磯弁で「いい加減」とか「テキトー」という意味で、とっこねぇのいわば口癖でした。

彼女の話を聞かせてもらって、私はそれをメモして、文章をまとめる。原稿を最後に彼女がチェックして出来上がり、という作業方式でした。

中学時代は女性コメディアン「若水ヤエ子」に憧れた話から、高校では演劇部、卒業して今のキオスクに当たる黒磯駅の売店で働くようになった話。最初のご主人に徹底的にDVにあった話から、ようやく24年で別れて、再婚した今のご主人はとてもやさしいという話。保険の外交時代は、毎日、黒磯駅の洗い場のタオルを洗濯して、洗い終わったのをもって駅に顔を出し、駅員をみんな保険に入れてしまった話もありました。

2013年9月、『とっこねぇの　元気に

笑ってごじゃっぺ一代記』というタイトルで出しました。あまり期待もしていなかったけど、やはりそんなには売れません。

ただ、とっこねぇ本人は一生懸命売ってくれて、制作費は回収できました。

とっこねぇに「本出してくれて、ありがとう」と感謝されたのも嬉しかったですね。黒磯や那須でお笑いライブをやると、誰よりもたくさんチケットを売ってくれて、当日は楽屋にたっぷり出演者みんなが食べられる手料理を持ってきてくれるのが、とっこねぇだったのです。

だから、本を出したのは、その恩返しの気持ちもありました。

その後、2015年には栃木放送のパーソナリティ・嶋均三さんの『きんぞうの「でほらぐ話」』という本も山中企画で出しました。嶋さんが、子供時代を振り返って、地元の方言を駆使しながら故郷の四季を語るものです。「でほらぐ話」とは「ほら話」というような意味。中のイラストを描いたのはとっこねぇで、彼女にはそういう特技もあります。

もともと私と嶋さんを引き合わせてくれたのもとっこねぇでした。

◆福島の元気オバチャン

元気なオバチャンということでしたら、演歌歌手・紅《くれない》晴美さんは、もう天下一品の元気さでした。２０１５年、福島や栃木でイベントからレストランから、手広くビジネス展開をしている佐藤英吉さんに「あの人なら本を出すかもしれない」とご紹介いただいたのです。

福島県いわき市の炭鉱夫の娘として生まれ、高校出た後は自分でおカネをためて音楽学校へ。ピアノの先生として働きながら、歌を歌い続け、なんと40歳にしてプロデビュー。それからは自分で曲も作るシンガーソング演歌歌手として大車輪の活躍をつづけ、ニッポン放送やラジオ福島のレギュラーパーソナリティとしても活動。特に、出身地・福島では絶大な人気を誇る・・・とまあ、簡単な経歴を書くだけで、なんとなくパワフルなオバチャンがイメージできるではないですか。

その通り、現実もパワフル。「ほら、みんな元気にやろうよ！」といるだけでまわりを盛り上げまくってくれるタイプです。

ついでにいえば、結婚して、別れて、また再婚して、子供を2人生んで、ギャンブルにハマった夫の借金を懸命に返して、その上で歌手デビューも果たして。パワフルでないと、とてもやっていけない半生。

ただ、話を聞くと、ときどきホロッともさせられます。

「私たちはね、2度故郷をなくしてるんだよ」

ふっとこぼしたりするのです。1回目は炭鉱の閉山。アッという間もなく、町がすっぽりなくなったとか。それで2回目が震災と原発事故。浪江町や双葉町は、彼女の故郷・いわきとは目と鼻の先。

「私は、歌でそんな故郷を元気にするのよ」

「紅晴美」という芸名も、「太陽のように明るく、晴れやかに、美しく故郷を照らしたい」との思いがこもっているのだとか。もっとも「晴美」の方は本名なのですが。

「売る方は私がバッチリやるから、心配しないで」

なんとも心強いお言葉です。「ひとり出版社」にとっては、こういう著者は非常にありがたい。

ただし、とんでもない条件がついておりました。私が紅さんと初めてお会いしたのが2015年10月。ところが紅さんとしては、本を売るなら、年末の忘年会やディナーショーが売れるから、12月のはじめには出来てないと困る、というのです。

これは大変です。期間は2カ月足らず。印刷・製本に2週間くらいみておくとすれば、最低でも1カ月半以内で本を作らなくてはいけない。普通は半年くらいはかかるものなのに。もっとも、紅さんは、忙しい営業のすき間を見計らって、なるべく取材には応じてもらえそうなので、「やります」と即決です。

スピードには自信があるのです。

◆圧巻そのものの歌とトーク

週一回で、5回ほど紅さんのお話を聞いたでしょうか。それをもとに、私がどんどん原稿をまとめていって、書いた章ごとにご本人のチェックを入れていただく形で、11月の半ばには、どうにか印刷所にデータを入稿できるところにたどり着きました。

その間、お話を聞くだけではなくて、何度か、紅さんのステージや営業の現場にもおうかがいしました。

中でも圧巻だったのが、10月下旬、福島県三春町のイベントで見せてくれたステージでしたね。ふるさと福島で、ラジオパーソナリティとして絶大な人気を誇る紅さんですから、屋外の運動公園なのに、開演前からたくさんの人だかり。

そこに登場した紅さん、歌の迫力はもちろんながら、トークの迫力がまたすごい。

平気でステージから客席に下りていくのはもちろん、福島弁で言いたい放題。ハゲたおじさんがいたら、

「おとうさんのハゲはいいハゲだべ。人をハゲますハゲだ」

なんて平気で言っちゃう。言われた方もニコニコ喜んでる。

あ、これは毒蝮三太夫さんと同じだな、と直感しました。もう最初に相手の心をわしづかみに掴んじゃえば、あとは何言っても許してもらえるのです。という以上に、それが親しみの最高の表現になる。

「ほーら、そこのおとうさん！　生きてんのか死んでんのか、はっきりして！」

と観客に突っ込むあたりも、まさに女マムシです。小太りなご自分の体をネタに、

ステージも物販も、いつもパワフルな紅さん。

「私は好きで太ってんの！　この腹、見て！　第一脂肪、第二脂肪、第三脂肪、溢れる希望」なんてのもやってる。

ステージ終了後のＣＤ即売会でも、紅さんのトーク力は強烈でしたね。

「なんていい歌作るんだろうね、晴美ちゃんは。これ買わなきゃ、一生の損だよ」

みたいなことをシレッといいつつ、ジャンジャンサインして、ジャンジャン売っていく。

もともとのファンが多いのですから、売れるのは当然としても、皆さん、磁石に吸い寄せられるように買っていきます。

ホントに「売る方はバッチリ」です。

２０１５年の12月はじめ、キッチリ予定通り本は納品しました。タイトルは『福島の歌うオバチャンの　みんな、元気になーれ！』。それから3年たった２０１８年、「本がなくなったんで、送って」と連絡があり、なんと増刷いたしました。

3年間隔が空いて増刷というのは、山中企画ではこの本だけです。

◆Re婚相談所／Re婚シェルジュ

私も、すでにいくつか「起業本」を手掛けているわけですが、一度、これから起業しようとしている方の本をやってみよう、と考えて作ったのが2016年11月の『Re婚相談所／Re婚シェルジュ』でした。

著者はナカヤタエさん。彼女は2015年に離婚を経験しました。で、そこに至る体験から、離婚に関する法律相談なら弁護士、公正証書を作るなら行政書士など、個々の専門家はいろいろいる、けど、特に女性は親身になって相談に乗ってくれる総合的なアドバイザー、ホテルなどでいう「コンシェルジュ」がいないのを痛感したそうです。

離婚とは、ただの書類上のことだけでなく、現実には慰謝料や財産分与の問題があったり、親権のことがあったり、何より夫婦だけでなく子供たちへの心理的な影響があったり、多種多様な問題が山積みです。

また中には離婚にまで進まず、もう一度やり直せる夫婦もいるかもしれない。いわば「Return」、つまり復縁ですね。

ナカヤさんは、この「離婚」と「Return婚」の両方を含めた意味を込めて「Re婚」と名付けました。そして、この「Re婚」に関する相談窓口を作り、「Re婚ビジネス」を展開させていくことを考えていました。

離婚率が高まる中、ソーシャルビジネスとして必ずニーズは増えていくに違いない、と。

具体的には、離婚を考えている方の悩みを聞き、専門家の紹介、書類作成の手伝い、夫との面会の同行、心理的なケアなど、「Re婚に関する様々なサービスを行います。

離婚とほぼ同時にこういうビジネスモデルを考えたというのですから、たいしたものです。

私は、横浜で開かれている、異業種交換会ともいえる飲み会でナカヤさんのお話を聞き、興味を持ちました。

単に「離婚相談所」ではなく、もう一度やり直す夫婦も込みの「Re婚相談所」というのがなかなか秀逸だなと感じたのです。

Re婚相談所／
Re婚シェルジュ
ナカヤ タエ著
あなたは今、
幸せな未来を描けますか？
心から幸せを感じられる
社会をめざして・・・
山中企画

さっそく本を出してみないかと勧めたところ、ご本人もやってみたい、とのお返事で、話は進んでいきました。その時点では、Re婚相談所は設立準備の段階で、具体的な相談事案はまだありません。しかし、起業プランとしては、十分すぎるくらいある。

この本に関しては、私が原稿をまとめる作業はほとんど必要ありませんでした。彼女の中に、すでに原稿や図としてまとまっているものがあり、また新たに加筆する内容も彼女の頭の中で決まっているようでした。

全部合わせると、多すぎて収まらないくらい。私の作業は、それらをどう少しでもコンパクトに集約していくか、でした。

◆尼僧・髙橋美清

2018年には、やはり女性の、髙橋美清さんの本を出版しました。またしても川岸さんの紹介でした。

この美清さんがまたユニークすぎる経歴を持った方なのです。

かつてはフリーアナウンサーとして日本テレビ『おはよう天気』のキャスターや、競輪のテレビ中継の司会者として全国74局に出演したり、歌手デビューまでされているのですね。

そして一度は人間関係のトラブルに巻き込まれて、自殺未遂にまで追い込まれてしまいました。

その深刻な悩みを克服できたのが仏教の力でした。曾祖父、祖父が僧侶でお寺の住職をやっていたのもあって、仏教は幼い時からの心の支えだったのです。

ところが、2015年、さらにとんでもない事件に巻き込まれてしまいました。もともと仕事関係を通して知り合った男性が、ストーカーとして付きまとうようになったあげく、ついには自殺と誤解されるような死に方をしてしまった。

彼女は、その男性を「殺した」として、ネットを中心にすさまじい誹謗中傷にさらされるようになったとか。

心の平静を取り戻すためには、再び仏教に救いを求めるしかありません。彼女は比叡山行院で60日間の行に入ります。そして「尼僧」として再出発したのです。

壮絶な半生です。ただし、今回の本のテーマはそこではありません。

彼女は、少女時代から、いわゆる「どこからかよく声が聞こえる」ような、霊感の強い体質だったそうです。その彼女が、自殺未遂に追い込まれた一度目のトラブルの後、まるで導かれるように、亡くなった祖父の遺品の中から一冊の書物を発見します。

◆いい「○」を描いて運気を上げる

それは江戸時代に書かれた『墨色相筌《ぼくしょくそうぜん》』です。

表紙がボロボロになったその本の中には、びっしりと占いのことが書かれてありました。それも星占いとか姓名判断とか、よくあるものではなく、なぜか「○」占いだったのです。

なんじゃそれ？　と思われるかもしれません。

簡単にいうと、ある人にまず「○」を描いてもらう。その「○」の形や、最初にどの位置から描きはじめるかをみれば、その人の性格や未来の運気がわかる、というのです。

現実に、美清さんは、本に書かれた通りに、いい「○」を描く練習をするようになって運気が上がり、二度目のトラブルであるストーカー事件も克服できたとか。

さて、これをどうまとめていったらいいか、美清さんとも相談を重ねました。

あくまで、メインテーマは「○」占いであって、人生における数々のトラブルは、サイドストーリーとして軽く触れる程度にしておくこと。「尼僧」であることももちろん触れながらも、それがあまりに前に出過ぎてしまうと宗教色が強くなりすぎるので、そこそこにおさえること。出来るだけお年寄りにも読みやすいように、字は出来るだけ大きくすること。

内容としては、運勢が上がるような「○」を描くための練習帳にしてみよう、となりました。

たとえば、いろいろな「○」の中にも、丸いお盆のように、偏らず、形も真ん丸でゆがみのない「真圓」や、「○」の描きだしと描きおわりの間に、ちょうど魚の口のようなすき間があく「魚口《ぎょこう》」、横向きの楕円のような形の「俵形《ひょうけい》」など、いろいろな種類があるのです。

尼僧・美清の
しあわせの「○《まる》」
あなたはどこから『○』を描きますか？
あなたの『○』の描き方で人生が変わる!!
髙橋美清
丁寧に丁寧に 全ては丁寧に事を行う
それが日々の暮し方
片岡鶴太郎

特に金運から恋愛運、健康運など、すべてにおいて運勢が悪いのが、描き出しと描きおわりが行き違ってバッテンになる「結縄（けつじょう）」。この描き方をする人に、最も理想的な「○」である「真圓」が描けるように練習してもらうわけです。

2018年11月、『尼僧・美清の　しあわせの「○」』というタイトルで出版しました。

美清さんの友人の、せとみまよさんという方の描いたカワイイ尼さんのイラストがちりばめられ、寺島清弘さん、妙恵さんという方の仏画もついています。

女性も手に取りやすい、オシャレな表紙にしてみよう、と、画面いっぱいに大きな「〇」を描くカワイイ尼さんのデザインにしてみました。


さて、2012年から2019年まで、私が味わった「人生の楽園」っぷりは以上ですが、読者の皆さんはどうお感じになりましたか？　自分もやってみたいと思われたか、それとも「セコい話ばっかりで、ちっともやる気にはなれない」と思われたか。

どうですか？

ひとり出版社の作り方⑦　岡田林太郎さんに訊く

はっきり言えば、私は出す本のジャンルもバラバラ。どちらかといえば、目先の楽しさに引きづられて、あまり採算も考えず、社会に強烈なインパクトを与えてやろうという覇気もなく、のんべんだらりと本を出し続けているところは、まあ、あります。

これが自分のペースなのだから変えようがないっちゃ、ないのですが、ときたま、もう少し向上心をもってやらなきゃ、と「反省」もします。

そんな時、同じ「ひとり出版社」を続けている自分以外の人が、どんな人物で、どのように本を作っているのか興味が出てきます。それも、出版業界50年、みたいな大先輩ではなく、すでに業界が「斜陽」といわれるようになった後に入って来た若手ともいえる人たちに。

なぜ彼らはハヤリのITとかでなしに、出版だったのか?

ネットで捜して、直接訪ねたのが岡田林太郎さんという方でした。

経営する「ひとり出版社」はみずき書林。2018年にみずき書林を創業して、『マーシャル、父の戦場』（大川史織編）『戦争社会学研究2　戦争映画の社会学』（戦争社会学研究会編）『秘蔵写真200枚でたどるアジア・太平洋戦争』（井上祐子編著）など、主に「戦争と人間」をテーマに骨太の書籍を作り続けている方です。

つまり出したいテーマをしっかりと持った本格派。

年齢は私よりも二回りも若い41歳。

ところが実は岡田さん、かつて、10数人の社員を抱える出版社の社長もやっていたのでした。

「先代の創業社長が80歳になって、そろそろ後進に道を譲りたい、と当時いた社員たちに声をかけたら、みんな遠慮して、結局、僕のところにお鉢がまわってきたんです」

入社10年で社長となり、その後、6年間つとめたといいます。

「シンドかったです。残業も何も関係なく働くような古参社員と、そんなのブラック企業だという意識の若手社員の板挟みになって、社内調整だけでクタクタに疲れる。出版社にいるのに、ろくに本づくりもできない」

とうとう40歳になったのを機に、「ひとり出版社」に転身し、自分の好きな企画を好きなように出す道を選んだのでした。

流通は、日販、トーハンなどの「取次コード」を取得するのではなく、書店との直接取引を行う「トランスビュー」に委託したといいます。みずき書林のような、テーマ性のはっきりした本が多いところは、「欲しがっている書店だけに送る」システムの方が効率的なのだそうです。

「ただ、取次経由も出来るように、八木書店さんを通して流してもいますが」

と手は打っています。

で、さっそく、なぜそこまでして本にこだわるのか？　電子書籍やネットのサイトでもいいんじゃないのか、とうかがってみると、

「それは、本が好きだからというしかありません。著者からデザイナー、印刷・製本屋、組版屋と本の好きな人達が一つになって、今度、この企画やろうぜ、って関係が生まれて、育っていく。結果として形になった一冊の本が生まれる。こんなに楽しいことはありません」

しかも、「ひとり出版社」なら自分で時間から予算までコントロール出来て、やりたい企画を即決で動き出せる。

「今日はこれをやろう、明日はあれをやろう、と毎日やることは途切れません」

岡田さんは、「トランスビュー」での会合を通して、20～30人単位の「ひとり出版社」の経営者と会ったりするのですが、そこに集まる人たちは年かさでも50代、20～30代もけっ

こう多いのだとか。紙ベースの出版は時代遅れ、という感覚は、少なくとも、そこにはないようです。

ちなみにみずき書林の本は、著者の何千部か何百部かの「買い取り」で制作費をねん出したり、自費出版本で利益を上げたりは一切なし。

羨ましい。山中企画は「著者買い取り」がなかったら、とっくに行き詰ってます。

おわりに

２０２０年に入っても、もちろん本づくりは続けています。

３月には、『中小企業再建ドクター』なる本を出しました。

著者は大和竜一さんという方で、いわば中小企業を再生するスペシャリスト。スタートは栃木県の地方銀行の足利銀行で、そこから、鬼怒川温泉の大型旅館に再建のために送り込まれたのが「再建ドクター」となるキッカケでした。その後は、いわゆるベンチャー・キャピタルなどに在籍し、Ｍ＆Ａで買った会社に入って、その会社の企業価値を高めるといった仕事に従事されました。

一昨年には、新潟県新発田市の老舗酒造会社に、経営再建のため、一年だけ代表取締役社長として乗り込んだりしています。

とにかく、一歩、会社に入れば、その雰囲気から経営状態が診断できるプロ中のプロ。

会社の血液であるキャッシュがうまく回っていない「動脈硬化」の会社や、社長の経営方針がフラフラしている「自律神経失調症」の会社や、様々な会社を見て、その治療法を見つけてきました。

さらに地方の中小企業の中には、健康体なのに、事業承継がうまくいかずに廃業を余儀なくされるところも数少なくないとか。

少子高齢化で、特に、日本経済を底支えしてきた地方の中小企業が疲弊する中、どうすれば健康を取り戻せるか、その処方箋がたっぷりと書かれた本になりました。

聖地を訪ね歩くタブレット純さんと私。

また、『タブレット純のGS聖地純礼』に続く第二弾、『タブレット純のムードコーラス聖地純礼』も、出版予定です。かつてムードコーラスの「名門」マヒナ・スターズの後期メンバーでもあったタブレット純さんが、そのルーツともいえる世界にどんどん入り込んでいきます。

もちろん私も一緒に取材にくっついていきました。マヒナの松平直樹さん、ロマンチカの鶴岡雅義さんをはじめ、いわばその世界の「レジェンド」たちとのインタビューも満載。

「企業再生」と「ムードコーラス」。

この、いったいどう繋がっているのかよくわからない世界を同時進行で味わっているのが、また、私の歓びでもあります。

売れるかな。売れてほしいな。

さらにもう一つ、動き始めた企画があります。これもまた、川岸さんの紹介で、「歌謡舞踊曲の第一人者」にして、あの古賀政男さんのお弟子さんでもある歌手・江河愛司さんの本を出すことになったのです。舞踊家の奥様との夫婦愛をテーマに、今、仮につけているタイトルが『恋のからかさ　夫婦舞』。昭和30年代から40年代以降に続く歌謡界の様子がナマの証言として聴けるのですから、実にワクワクします。

8年間の「ひとり出版社」としての歩みを、一応振り返ったわけですが、改めて、これって楽しいな、と再確認してしまいます。

岡田さんの言葉にもありましたが、自分のやりたいと思ったネタを、自分の好きな時間に進行させていけばいいわけですから。しかも、著者の方にせよ、印刷・製本やデザインをお願いする方にせよ、みんな気が合うか、少なくとも一緒に仕事をして不快じゃない人達と組んでいける。ヤだな、と思った相手とは無理に組む必要はないんですから。

従業員は自分一人で、部下や同僚に気を使うこともない。

いろいろな意味で、ストレスがたまりません。ことに人間関係のストレスがたまらないのは、とても楽です。

唯一のストレス源はおカネ。始めた時は、こんなに本て売れないものだとは思ってなかったですね。「売れない本を作り続けてるんだから、自業自得」と言われてしまえばそれまでなのですが、発足して数年間たち、30冊や40冊くらい本を出したころには、あとは出した本の売り上げで何もしなくても毎月、生活費に困らないくらいになるのでは、と勘違いしていました。

甘かった。いや、甘いなんてもんじゃない。世間知らずそのものでした。売り上げではなく、返本がどんどん積み重なっていきます。

出すたびに確実に買ってもらえる読者を千人単位で確保しているとか、少なくとも5万部くらいのヒットを飛ばすとかでなければ、まず「儲かった」と実感できる状態にはなりません。私のように初版千部とか千5百部とかでやっていたら、うまく全部さばけたとしても一冊の利益は100万円にも満たない。また、全部さばけるなんて、ほとんどありません。つまり、いつも金欠です。が、これがもし私が定年までサラリーマンとしてつとめあげ、退職金とともに、生活に困らない程度の年金を受けている立場ならどうだろう、と考えたことがあります。

もしそんな方なら、「ひとり出版社」って、最高の「道楽」ではないでしょうか。退屈しませんよ。いろいろな人と出会えて、本が売れた売れないで一喜一憂出来て。日々、大小のドラマがあります。

おカネに余裕があって、本づくりに関わってみたいと考える方は、ぜひ「ひとり出版社」やってみてください。楽しいから。

この「手前味噌」な企画に乗っていただき、本にまでしていただいた飯塚書店・飯塚行男さん、本当にありがとうございます。何とか採算割れしないように、私もそこそこ頑張ります。

山中 伊知郎（やまなか いちろう）

昭和 29（1954）年東京都文京区出身。早稲田大学法学部卒業。雑誌や単行本のライターとして活動後、2012 年より、「ひとり出版社」山中企画をスタートさせ、8 年間で約 40 冊の本を出す。お笑い関連本、健康関連本から、ビジネス本、演歌、ＧＳ（グループサウンズ）本など、出したジャンルは多岐にわたる。お笑いライブ「ちょっと昭和なヤングたち」は 15 年間続けている。山中企画へのご質問、ご意見などある方は yamanakakikaku@kih.biglobe.ne.jp まで、どうぞ。

「ひとり出版社」は人生の楽園

2020年6月25日　第1刷発行

著　者　山中伊知郎
発行者　飯塚　行男
発行所　株式会社 飯塚書店
〒112-0002　東京都文京区小石川5-16-4
TEL 03-3815-3805 FAX 03-3815-3810
http://izbooks.co.jp

印刷・製本　モリモト印刷株式会社

 ISBN978-4-7522-6031-8　Printed in Japan